CATALOGUE
DES LIVRES

DE LITTÉRATURE ET D'HISTOIRE

(OUVRAGES SUR LA NORMANDIE)

COMPOSANT LA

BIBLIOTHÈQUE DE FEU M. BAUDEMENT

L'UN DES BIBLIOTHÉCAIRES DE LA BIBLIOTHÈQUE NATIONALE

DONT LA VENTE AURA LIEU

Le lundi 22 février 1875 et les trois jours suivants
à 7 heures et demie du soir

Rue des Bons-Enfants, 28 (maison Silvestre)

Salle n° 1

Par le ministère de Me DELBERGUE-CORMONT, commissaire-priseur
Rue de Provence, 8

PARIS

ADOLPHE LABITTE

LIBRAIRE DE LA BIBLIOTHÈQUE NATIONALE

4, rue de Lille, 4

—

1875

CATALOGUE

DES LIVRES

COMPOSANT LA

BIBLIOTHÈQUE DE FEU M. BAUDEMENT

L'UN DES BIBLIOTHÉCAIRES DE LA BIBLIOTHÈQUE NATIONALE.

THÉOLOGIE.

1. Le Saint Évangile selon saint Matthieu, d'après la version française de Le Maistre de Sacy, traduit en saintongeois de Jarnac, par Burgaud des Marets. *Londres,* 1864, pet. in-12, mar. rouge, jans. tête dor. n. rog.

2. Choix de Monuments primitifs de l'Église chrétienne, avec notices littéraires. *Paris, Aug. Desrez,* 1840, gr. in-8, texte à deux col. demi-rel. chagr. bleu.

3. Choix d'ouvrages mystiques, traduits du latin en français. *Paris, A. Desrez,* 1835, gr. in-8, demi-rel. v. f.

4. Sancti patris nostri Gregorii theologi, vulgo Nazianzeni, Opera omnia. *Parisiis, Parent-Desbarres,* 1840, 2 vol. in-fol. demi-rel. v. f.

5. Traité de saint Bernard, premier abbé de Clairvaux, de l'amour de Dieu, traduit en français par le R. P. Antoine de Saint-Gabriel. *Paris, Académie des bibliophiles,* 1867, in-12, br.

Tiré à petit nombre.

6. Après-dînées et propos de table contre l'excez av boire et av manger, povr vivre longvement, sainement et sainctement, dialogisez entre vn prince et sept sçavants personnages, avec douze propositions pour passer plaisamment et honnestement les jours des Quaresmeavx, par le R. P.

Antoine de Balinghem, de la Compagnie de Jésus. *A Saint-Omer*, 1624. 1 tome en 2 vol. in-12, demi-rel. v. rouge. (*Rel. moderne.*)

7. Lettres provinciales, par Blaise Pascal. *Paris*, 1830, 1 vol. in-8, demi-rel. v. f.

8. Œuvres de Fénelon, archevêque de Cambrai, précédées d'études sur sa vie, par M. Aimé-Martin. *Paris, Firm. Didot fr.*, 1845, 3 vol. gr. in-8, portrait, demi-rel. chagr. vert.

9. Œuvres choisies de Fénelon, précédées de son éloge par la Harpe. *Paris, Ledentu*, 1837, grand in-8, portrait, demi-rel. v. f.

10. Œuvres de Massillon, évêque de Clermont. *Paris, Lefèvre*, 1833, 2 vol. grand in-8, demi-rel. v. viol.

11. Histoire sacrée de Svlpice Sévère, de la traduction de L. Giry. *Impr. à Rouen et se vend à Paris*, 1659, pet. in-12, dos et coins de maroq. rouge jans. tr. peig.

12. Considérations sur les lettres circulaires de l'assemblée du clergé de France (par le ministre Claude). *A la Haye*, 1683, petit in-12, demi-rel. veau rouge n. rog.

13. Explication des cérémonies de la Fête-Dieu d'Aix en Provence, ornée de figures. *Aix, chez Esprit David*, 1777, in-12, v. gr. dent.

14. Predicatoriana, ou Révélations singulières et amusantes sur les prédicateurs, par G. P. (Gabr. Peignot). *Dijon, V. Lagier*, 1841, in-8, demi-rel. v. rose.

15. Explication de divers monuments singuliers qui ont rapport à la religion des plus anciens peuples, par le R. P. Dom*** (D. Martin), religieux bénédictin de la congrégation de Saint-Maur, ouvrage enrichi de figures en taille-douce. *Paris*, 1739, in-4, maroq. rouge, dent à comp. tr. rouge.

Ancienne reliure, mais fatiguée.

16. Dictionnaire de la Fable, par Fr. Noël. *Paris, Lenormant*, 1801, 2 vol. in-8, demi-rel. v. f.

JURISPRUDENCE.

17. Instilutes de Justinien, nouvellement expliquées par A.-M. Du Caurroy. *Paris, Nève*, 1826, 3 vol. in-8, demi-rel .v. f.

18. Le Droit de la nature et des gens, ou Système général de la morale, de la jurisprudence et de la politique, par le baron de Puffendorf, traduit du latin par Jean Barberac. *A Basle*, 1771, 2 vol. in-4, portrait, demi-rel. v. f.

19. Œuvres complètes du chancelier d'Aguesseau, nouvelle édition, augmentée de pièces et d'un discours préliminaire, par M. Pardessus. *Paris*, 1819, 16 vol. in-8, portrait, demi-rel. v. tr. marbr.

20. Mélanges de politique et mélanges judiciaires. 38 pièces réunies en 4 vol. in-8, demi-rel. v. f.

SCIENCES ET ARTS.

21. Œuvres de Platon, édition accompagnée de notes, précédée d'une esquisse de la philosophie de Platon, par M. Schwalbé, et d'une introduction à la République, par Aimé-Martin. *Paris*, 1845, 2 vol. gr. in-8, demi-rel. v.

22. Histoire philosophique de Marc-Aurèle, par Ripault. *Paris, Barba*, 1830, 4 vol. in-8, portraits, demi-rel. v. f.
Exemplaire mouillé.

23. Cours d'histoire de la philosophie moderne, par V. Cousin. *Paris, Ladrange*, 1841, 5 tomes en 3 vol. in-8, demi-rel. v. f.

24. Vitæ professorum philosophiæ a condita Academia Altorfina, M. Sigismundo Iacobo Apina. *Norimbergæ*, 1728, in-4, v. f. ant. portraits.

25. Œuvres de François Bacon, avec une notice biographique par C. Buchon. *Paris, A. Desrez*, 1836, gr. in-8, demi-rel. maroq. viol.

26. Œuvres de Locke et Leibnitz, contenant l'Essai sur l'en-
tendement humain, revu et accompagné de notes par
M. F. Thurot. *Paris, Firm. Didot*, 1846, gr. in-8, demi-
rel. dos et coins de maroq. viol.

27. Les Passions de l'âme, par René Descartes. *Paris, chez
Ch. de Sercy*, 1650, petit in-12, maroq. rouge, fil. tr. dor.
(*Portrait ajouté.*)

28. Essais de Michel de Montaigne, édition avec les notes de
tous les commentateurs. *Paris, Tardieu-Denesle*, 1828,
6 tomes en 3 vol. in-8, portrait, demi-rel. maroq. bleu, fil.

29. De la Sagesse, trois livres, par Pierre Charron, nouvelle
édition, publiée par Amaury Duval. *Paris, Chassériau*,
1820-24, 3 vol. in-8, portrait, demi-rel. chagr. rouge.

30. Moralistes français. — Pascal, la Rochefoucauld, la
Bruyère, Vauvenargues, gr. in-8, demi-rel. chagr. noir.

31. Les Caractères de la Bruyère, suivis des Caractères de
Théophraste. *Paris, Froment*, 1829, 2 vol. in-8, portr.
demi-rel. v. f.

32. Réflexions, ou Sentences morales de la Rochefoucauld,
édition publiée par Aimé-Martin. *Paris, Lefèvre*, 1822,
in-8, portr. v. viol. fil. à comp. tr. dor.

Un des 43 exemplaires auquel ont été ajoutées les Observations de Mme de
la Fayette.

33. Pensées, essais, maximes et correspondance de J. Jou-
bert, recueillis et mis en ordre par M. P. Raynal. *Paris,
veuve Lenormant*, 1850, 2 vol. in-8, portrait, demi-rel. v.
vert.

34. Particularités et observations sur les ministres des finances de France les plus célèbres, depuis 1660 jusqu'en 1791
(par de Montyon). *Londres*, 1812, in-8, portrait, demi-
rel. v. f.

35. Tableau de l'intérieur des prisons de France, ou Études
sur la situation et les souffrances morales et physiques de
toutes les classes de prisonniers ou détenus, par Ginouvier
(1824-1846). *Paris, Baudoin.* — Des Moyens propres à gé-
néraliser en France le système pénitentiaire, par M. Bé-
renger. *Paris, Impr. royale*, 1836. — Mémoires sur les
forçats, par M. Quentin, 1828. — Ens. 2 vol. in-8, demi-rel.

36. Scriptores rei rusticæ. *Lipsiæ*, 1773-74, 2 vol. in-4, front.
gr. de Bernard Picart, vél. de Holl. tr. marbr.

37. Plans des plus beaux jardins pittoresques de France, d'Angleterre et d'Allemagne, par J.-Ch. Krafft. *Paris*, 1809, in-4, obl. demi-rel. dos et coins de maroq. rouge, 96 planches gravées, texte français, anglais et allemand.

38. Diversa Genera animalium quadrupedum quibus additæ sunt regiunculæ aliquot. Peter Aubry excudit. — Avium vivæ et artificiosissimæ delineationes. *Amstelodami, Nicolaus Visscher*, 1659, in-8 obl. cart.

39. Histoire des rats, pour servir à l'histoire universelle (par Segrais). *A Ratopolis*, 1738, in-8, figures, demi-rel. dos et coins de maroq. viol.

40. Arago (Fr.). — Astronomie populaire. *Paris*, 1865-67, 4 vol. — Notices scientifiques. *Paris*, 1865, 5 vol. — Voyages scientifiques et mémoires scientifiques. *Paris*, 1865, 3 vol. — Notices biographiques. *Paris*, 1865, 3 vol. — Tables et mélanges. *Paris*, 1865, 2 vol. Ens. 17 vol. in-8, br. neuf, n. c.

---

41. Recherches sur les monuments cyclopéens, et description de la collection des modèles en relief composant la galerie pélasgique de la bibliothèque Mazarine, par L.-C.-F. Petit-Radel. *Paris, Impr. royale*, 1841, in-8, portrait et frontispice gr. au trait, veau fauve, fil. n. rog. (*Lettre autogr. de l'auteur.*)

42. Les Dix Livres d'architecture de Vitruve, corrigez et traduits, avec des notes et des figures, par M. Perrault. *A Paris, chez J.-Bapt. Coignard*, 1684, in-fol. v. ant. marbr.

43. L'Architecture de Vitruve, traduction nouvelle, par Ch. Maufras. *Paris, Panckoucke*, 1847, 2 vol. in-8, fig. dans le texte, demi-rel. v. f.

44. Ioannis Baptistæ Piranesii Campus Martius antiquæ urbis. *Romæ*, 1762, in-fol., planches gravées, demi-rel. v. maroq. brun, n. rog.

45. Lettres de M. Leblanc, historiograhe des bâtiments du Roi. *A Lyon, chez Aimé Delaroche*, 1758, 3 vol. in-12, front. gr. v. f. ant. fil. tr. marbr.

46. Essai sur les girouettes, épis, crêtes et autres décorations, pour faire suite à l'histoire des habitations au moyen âge, par E. de la Quérière. *Paris et Rouen*, 1846, in-8, planches, demi-rel. v. viol.

47. Œuvres complètes de Benvenuto Cellini, traduites par Léopold Leclanché. *Paris, Paulin*, 1847, 2 vol. in-12, demi-rel. maroq. rouge, à nerfs, tête dor. n. rog. (*Lortic.*)

48. Catalogue général des camées et pierres gravées de la Bibliothèque impériale, par Chabouillet. *Paris, Claye,* 1858, in-12, demi-rel. v. vert, n. rog. (*Envoi d'auteur.*)

49. Virgilius. Picturæ. *Romæ,* 1782, in-4, portrait, et 124 planches gravées, demi-rel. v. bleu.

50. Les Métamorphoses d'Ovide, 136 sujets gravés par Briot, J. Matheus, Mich. Faulte, Firens, etc. *Chez la veuve Langellier,* 1619, in-4 obl. demi-rel. dos et coins de maroq. brun.

51. Essai typographique et bibliographique sur l'histoire de la gravure sur bois, par Ambroise Firmin-Didot. *Paris,* 1863, in-8, demi-rel. v. f. n. rog.

52. La Philosophie des images énigmatiques, par le P. Cl.-Fr. Menestrier. *Lyon,* 1694, in-12, demi-rel. maroq. rouge. jans. dos à nerfs, tête dor. n. rog. (*Lortic.*)

53. Essai historique, philosophique et pittoresque sur les danses des morts, par H. Langlois, accompagné de 54 planches et de nombr. vignettes. *Rouen, Lebrument,* 1851, fort in-8. maroq. noir, jans.

54. Le Martyre des apostres, 14 pièces, plus le titre (par Cochin), in-8, cart.

55. Animaux de H. Berghem, A. Velde, N. Visseker, Carle Desjardins, E. de la Belle. 50 pièces réunies en 1 vol. in-8 obl. cart.

56. Callot. — Capitano de' Baroni, 25 pièces. — Varia, 41 pièces. — Ens. 2 vol. in-12 obl. rel.

57. Autrefois, ou le bon vieux temps, types français du XVIIIᵉ siècle, vignettes de Tony Johannot, Th. Fragonard, Gavarni, etc. *Paris, Challamel, s. d.,* gr. in-8, demi-rel. maroq. rouge, fil. tr. dor.

58. Bertall. — Cahier des charges, — d'Albanès et Fath. — Les Nains célèbres. *Paris, Hetzel,* 1846, in-12, v. f. n. rog. — L'Hôtel des haricots, par Alb. de Lasalle. 70 dessins par Ed. Morin. *Paris, Dentu,* in-12, demi-rel. cart. n. rog.

59. Gavarni. Album grotesque, 1849. — Œuvres choisies, publiées par J. Hetzel, 1846, 2 vol. in-8, demi-rel. v. f.

60. L'Artiste. Réunion de gravures, en 3 vol. in-8, demi-rel. chagr. rouge.

61. Recueil complet des groupes, statues, bustes, termes, ainsi que des perspectives monumentales de Versailles, en gravure lithographique, publié par Vaysse de Villiers, in-12 obl. demi-rel. v. f. (123 planches au trait).

62. Colonne de la Grande Armée. — Album de 38 planches gravées au trait par Tardieu, composant les bas-reliefs, motifs de décoration, frises et autres parties de la colonne Vendôme. (*Paris, Didot,* 1828), in-4, demi-cart. perc.

63. Album de 120 gravures et portraits, noirs et coloriés en grande partie, sujets mythologiqnes et hollandais, gravés par de Lorgueil, H. Guttenberg, Bouilliard, Ph. Frière, Colinet, Massard, ainsi que d'autres sujets modernes, parmi lesquels quelques caricatures, réunis en 1 vol. in-4 obl. maroq. rouge, fil.

64. Correspondance de François Gérard, peintre d'histoire, avec les artistes et les personnages célèbres de son temps, publiée par M. Henri Gérard, son neveu. *Paris,* 1867, gr. in-8, demi-rel. maroq. rouge, jans. tête dor. n. rog.

65. Tableaux historiques des campagnes d'Italie. *Paris, chez Auber,* 1806, gr. in-fol. Estampes gravées d'après les dessins originaux de Carle Vernet, demi-rel. chagr. rouge, plats toile, dent. tr. dor.

66. Vues des côtes de France dans l'Océan et dans la Méditerranée, peintes et gravées par M. Louis Garneray, décrites par A. Jouy. *Paris, Panckoucke,* 1823, 2 parties en 1 vol. in-f., demi-cart.

67. Vues des Monuments antiques de Naples, gravées à l'aqua-tinta, et accompagnées de notices et de dissertations, par M. Leriche. (*Paris*), *T. Bruère,* 1827, in-4, demi-rel. dos et coins de maroq. viol. jans. tête dor. n. rog.

68. La Chasse royale, composée par le roi Charles IX, nouvelle édition, précédée d'une introduction, par Henri Chevreul. *Paris, Aug. Aubry,* 1858, in-12, portrait sur chine, demi-rel. maroq. viol. n. rog.

Tiré à petit nombre.

69. Histoire anecdotique et pittoresque de la danse chez les peuples anciens et modernes, par J. Fertiault. *Paris, Aubry,* 1854, pet. in-12, demi-rel. maroq. rouge, fil. tête dor. n. rog.

70. Physiologie du goût, par Brillat-Savarin. *Paris, Garnier fr.,* in-8, fig. demi-rel. dos et coins de maroq. bleu. — Manuel des Amphitryons, par l'auteur de l'Almanach des gourmands. *Paris,* 1808, in-8, demi-rel. maroq. rouge.

BELLES-LETTRES.

71. Alexandre. Dictionnaire grec-français. *Hachette*, 1838, in-8, demi-rel. — Quicherat. Dictionnaire latin-français. *Hachette*, 1846, in-8, cart.

72. Quicherat. Thesaurus poeticus linguæ latinæ. *Paris, Hachette*, 1852, gr. in-8, demi-rel. chagr. vert foncé.

73. Dictionnaire de l'Académie française, sixième édition. *Paris, F. Didot*, 1835, 2 vol. in-4, v. f. compart.

74. Dictionnaire général et grammatical des dictionnaires français, par Napoléon Landais. *Paris*, 1834, 2 vol. pet. in-4, texte à deux col. demi-rel. v. bleu.

75. La Précellence du langage françois, par Henri Estienne, nouvelle édition, accompagnée d'une étude snr Henri Estienne, par Léon Feugère. *Paris, J. Delalain*, 1850, in-12, demi-rel. dos et coins de maroq. fauve, tête dor. n. rog. (*Capé.*)

76. Deffense de la langue françoise pour l'inscription de l'Arc de triomphe, par M. Charpentier. *A Paris, chez Claude Barbin*, 1676, in-12, demi-rel. v. f. n. rog.

77. Dictionnaire étymologique, où Origines de la langue françoise, par M. Ménage. *Paris, chez Jean Anisson*, 1694, in-folio, v. ant. (*Armoiries.*)

78. Lefranc (E.). Grammaire française et grammaire latine, adoptées pour l'éducation de S. A. R. le duc de Bordeaux. *Paris, de l'Impr. royale*, 1826-27, 2 vol. in-8, demi-rel. maroq. bleu et demi-rel. maroq. brun, jans. à nerfs, tête dor. n. rog.

79. Nouvelle Orthologie française, par B. Legoarant. *Paris*, 1832, 2 vol. in-8, v. f.

80. Les Joueurs de mots, compilation faite par Lorédan Larchey, pour servir à l'histoire de l'esprit français. *Paris*, 1867, in-12, demi-rel. maroq. rouge, jans. tête dor. n. rog. (*Envoi d'auteur.*)

81. Œuvres complètes de Démosthène et d'Eschine, traduction nouvelle par A.-F. Stiévenart. *Paris, Firm: Didot*, 1853, gr. in-8, demi-rel. v. f.

82. Pline le Jeune et Quintilien, ou l'Éloquence sous les empereurs, par Jules Janin. *Paris, Amyot*, 1846, in-8, demi-rel. v. f.

Avec une lettre autographe signée de l'auteur.

83. Panegyrici veteres. *Norimbergæ*, 1779, 2 vol. in-8, demi-rel. v. gris.

84. Le Panégyrique de Théodose le Grand, traduit de latin en françois. *A Paris, chez Jacques Langlois*, 1687, pet. in-12, maroq. rouge, fil. à comp. tr. dor. (*Rel. anc.*)

85. Leçons et modèles de littérature sacrée, par M. de Genoude. *Paris, L. Henry*, 1837, gr. in-8, figures, demi-rel. v. bleu.

86. Essai sur l'éloquence de la chaire : panégyriques, éloges et discours, par S. Em. Mgr le cardinal Maury. *Paris, Crapelet*, 1810, 2 vol. in-8, v. f. fil. noirs, tr. dor.

---

87. Les Quatre Poétiques d'Aristote, d'Horace, de Vida, de Despréaux, avec les traductions et des remarques, par M. l'abbé Batteux. *Paris, chez Saillant et Nyon*, 1771, 2 vol. in-8, papier vergé, demi-rel. maroq. fauve, tête dor. n. rog.

88. L'Iliade et l'Odyssée d'Homère, traduction de Mme Dacier. *Paris, Lefèvre et Charpentier*, 1845, 2 vol. in-12, demi-rel. maroq. bleu.

— Même ouvrage, même édition, demi-rel. maroq. rouge, jans. tête dor. n. rog. (*Avec envoi du traducteur.*)

89. Odes d'Anacréon, avec 54 compositions, par Girodet, traduction d'Ambr. Firmin-Didot. *Paris, typographie de Firm. Didot fr.*, 1864, in-16, cart. n. rog. (*Photographie.*)

90. Anacréon, Sapho, Bion et Moschus, traduction nouvelle en prose, suivie de la Veillée des fêtes de Vénus, par M. M*** C***. *A Paphos, et se trouve à Paris chez Leboucher*, 1773, in-8, frontispice et vignettes d'Eisen, demi-rel. v. rouge, tr. dor.

91. Les Petits Poëmes grecs, publiés par M. Ernest Falconnet, sous la direction de M. Aimé-Martin. *Paris, Aug. Desrez*, 1838, gr. in-8, demi-rel. v. f.

92. Q. Horatii Flacci Opera omnia. *Parisiis, edidit Lefèvre*, 1851, in-16, maroq. rouge, fil. dent. int. tr. dor. (*Niedrée.*) — Opera omnia. *Parisiis, apud Lefèvre*, 1825, pet. in-16, v. f. fil. tr. dor. (*Bauzonnet.*) — Œuvres complètes d'Horace, traduction de Goupy. *Paris, Firm. Didot*, 1857,

in-16, demi-rel. dos et coins de maroq. rouge, tête dor. n. rog. (*Allô.*)

93. Histoire de la vie et des poésies d'Horace, accompagnée d'un portrait et d'une carte, par M. le baron Walckenaer. *Paris, Michaud,* 1840, 2 vol. in-8, demi-rel. dos et coins de maroq. rouge, fil. n. rog.

94. Les Bucoliques de Virgile, traduites en vers français par Firm. Didot. *Paris,* 1806, in-8, demi-rel. dos et coins de maroq. vert, tête dor. n. rog.

95. Recueil de diverses pièces choisies, traduites en vers françois, d'Horace, Ovide, Sénèque, Martial et Catulle, et avtres poésies, par M. Nicolle. *Paris, Ch. de Sercy,* 1656. — Les Satyres de Perse. *Paris, Ch. de Sercy,* 1656. Ens. 2 ouvr. en 1 vol. pet. in-12, v. f. fil. tr. dor. (*Petit.*)

96. Les Métamorphoses d'Ovide, traduites en françois avec des remarques, par l'abbé Banier, enrichies de figures en taille-douce. *Paris,* 1738, 2 vol. in-4, v. ant.

97. Les Héroïdes d'Ovide, traduites en français. *A Philadelphie,* 1786, gr. in-8, demi-rel. v. f. int. n. rog.

Cette traduction, très-remarquable, n'a été tirée qu'à douze exemplaires, celui-ci est corrigé de la main même du traducteur, le cardinal de Boisgelin, pour une édition ultérieure qui n'a pas été publiée. Il est donc unique; et les corrections sont en général excellentes. (*Note manuscrite en regard du titre.*)

98. Les Épîtres amoureuses d'Ovide, traduites en françois (avec le texte en regard). *Cologne, chez Pierre Marteau,* 1703, in-12, figures, maroq. rouge, fil. tr. dor. (*Anc. rel.*)

99. Satires de Juvénal, traduites par J. Dusaulx. *Paris, Merlin, de l'impr. de Crapelet, an XI* (1803), 2 vol. in-8, demi-rel. v. rose.

100. Études sur les Poëtes latins de la décadence, par D. Nisard. *Paris, Hachette,* 1849, 2 vol. in-8, demi-rel. dos et coins de maroq. vert foncé, tr. marbr.

101. Pontani Urania. *Venetiis, in ædibus Aldi,* 1505, in-12, maroq. bleu, tr. dor.

102. Jean Second, traduction libre en vers des Odes, des Baisers et du Ier livre des Elégies, avec le texte latin, par Mich. Loraux. *Paris, Michaud fr.,* 1812, in-8, portrait, veau dent. à comp. tr. dor.

103. L'Enfantement de la Vierge, poëme traduit du latin de Sannazar, publié par S. de Latour (texte et traduction). *Paris, Merlin,* 1830, pet. in-12, demi-rel. dos et coins de maroq. bleu jans. tête dor. n. rog.

104. Le Parnasse français, et supplément, par M. Titon du Tillet. *Paris, J.-Bapt. Coignard*, 1732, 2 vol. in-fol. front. gr.
médaillon, v. ant.

105. Roche (Antonin). Les Prosateurs et les Poëtes français.
Paris, 1861, 2 vol. in-12, demi-rel. maroq. rouge, n. rog.

106. Les Poëtes français, recueil de morceaux choisis dans
les poëtes, avec une notice biographique par Antonin Roche. *Londres et Paris*, 1853, 2 tomes en 1 vol. in-12, demi-
rel. dos et coins de maroq. vert, tête dor. n. rog.

107. Les Poëtes françois depuis le xii° siècle jusqu'à Malherbe, avec une notice historique et littéraire sur chaque
poëte. *Paris, de l'imprimerie de Crapelet*, 1824, 6 vol.
in-8, demi-rel. v. gris, tr. marbr.

108. Nouveau Recueil de contes, dits, fabliaux et autres pièces, par Ach. Jubinal. *Paris,*1839-42, 2 vol. in-8, demi-rel.
v. bleu.

109. Les Poésies du duc Charles d'Orléans, publiées par
Champollion-Figeac. *Paris*, 1842, in-12, demi-rel. maroq.
fauve, dos à nerfs jans. tête dor. n. rog. (*Lortic.*)

110. Poésies de Marie de France, poëte anglo-normand du
xiiie siècle, ou Recueil de lais, fables et autres productions
de cette femme célèbre, par B. de Roquefort. *Paris, Chassériau*, 1820, 2 vol. in-8, 2 grav. de Chasselas, v. f. fil. tr.
marbr.

111. Recueil des plus belles épigrammes, depuis Marot, avec
des notes historiques et critiques et un traité de la vraie et
fausse beauté dans les ouvrages d'esprit (trad. par Nicole),
suivi des Bergeries de Racan (publ. par Breugière de Barante). *A Paris, chez Nic. Leclerc*, 1700, 2 tomes en 1 vol.
in-12, demi-rel. maroq. rouge, dos orné, tr. jasp.

Tache sur le titre du tome II.

112. Nouveau Recueil des epigrammatistes français, anciens et modernes, par Mr B. L. M. (par Bruzen de la Martinière). *Amsterdam*, 1720, 2 tomes en 1 vol. in-12, front.
gr. de Bernard Picart, maroq. vert jans. tr. dor.

113. Nouvelle Anthologie française, ou Choix des épigrammes et madrigaux de tous les poëtes françois, depuis Marot
jusqu'à ce jour. *Paris, Delalain*, 1769, 2 vol. in-12, demi-
rel. maroq. rouge jans. tr. peig.

114. Œuvres de Clément Marot. Édition publiée par M. P. R.
Auguis. *Paris, Constant Chantepie*, 1823, 5 vol. pet. in-12,
demi-rel. v. ant.

115. La Vieille, ou les Dernières Amours d'Ovide, poëme français du xive siècle, publié par Hipp. Cocheris. *Paris, Aubry*, 1861, in-12, demi-rel. maroq. brun, n. rog.

116. Les Foresteries de Jean Vauquelin, sieur de la Fresnaie, publiées et annotées par Julien Travers. — Les Diverses Poésies de Jean Vauquelin. 2 vol. — Œuvres diverses en prose et en vers de Jean Vauquelin, précédées d'un essai sur l'auteur et suivies d'un glossaire. — Essai sur la vie et les œuvres de Jean Vauquelin de la Fresnaie. *A Caen, de l'imprimerie de F. Le Blanc-Hardel*, 1869-72, 5 vol. in-8, br.

117. Les Œvvres de Theophile, diuisecs en trois parties. *A Paris, chez Iean-Baptiste Loyson*, 1656, pet. in-12, parchemin.

118. Les Œuvres de monsieur Sarasin. *Paris, Nic. Le Gras*, 1685, 2 vol. in-12, demi-rel. dos et coins de v. f. tr. peig. (*Bauzonnet.*)

119. Poésies diverses d'Antoine Rambouillet de la Sablière et de François de Maucroix, avec des notes et des éclaircissements par C.-A. Walckenaer. *Paris, A. Nepveu*, 1825, in-8, demi-rel. v. viol.

120. Œuvres de Boileau-Despréaux, avec un commentaire par M. de Saint-Surin. *Paris, J. Blaise* 1821, 4 vol. in-8, portraits et figures, demi-rel. dos et coins de maroq. viol.

121. Œuvres complètes de Boileau-Despréaux, publiées par M. Paul Chéron, précédées d'une notice sur la vie et les ouvrages de Boileau par Sainte-Beuve, illustrées de vignettes sur acier. *Paris, Garnier fr.*, 1860, gr. in-8, demi-rel. mar. bleu. (*Envoi d'auteur.*)

122. Histoire de la vie et des ouvrages de J. de la Fontaine, par Walckenaer. *Paris, Nepveu*, 1824, in-8, gravures, demi-rel. dos et coins de maroq. rouge, tête dor. n. rog.

123. Œuvres complètes de J. de la Fontaine, avec des notes et une nouvelle notice sur sa vie par M. C.-A. Walkenaer. *Paris, Lefèvre*, 1838, 2 vol. in-8, demi-rel. v. f.

124. Œuvres choisies de J.-B. Rousseau. *Paris, P. Didot l'aîné*, 1828, 2 vol. in-8, demi-rel. chagr. viol.

125. Poésies de Louis Racine. *Paris, Masson*, 1823, in-8, figures, v. dent. à froid, tr. marbr.

126. Œuvres de Léonard, recueillies et publiées par Vincent Campenon. *Paris, de l'impr. de Didot jeune*, 1797, 3 vol. in-8, demi-rel. dos et coins de v. f. n. rog.

127. Zélis au bain, poëme. *A Genève, s. d., frontispice et figures d'Eisen.* — Lettres de Barnevelt à Truman son ami.

Paris, 1763. — Lettre de Zeila, jeune sauvage, à Valcour, officier français. *Paris*, 1764. — Lettre d'Alcibiade à Glicère, bouquetière d'Athènes, suivie d'une lettre de Vénus à Pâris et d'une épître à la maîtresse que j'aurai. *Genève et Paris*, 1764, *figures et vignettes d'Eisen.* — Ens. 4 pièces réunies en 1 vol. in-8, v. f. ant. fil. tr. dor.

128. Œuvres de J. Delille. *Paris, Aug. Desrez*, 1838, g. in-8, demi-rel. maroq. viol. fil.

129. André Chénier, poésies posthumes et inédites. *Paris, Charpentier et Eug. Renduel*, 1833, 2 vol. in-8, demi-rel. v. bleu.

130. Poésies de André Lemoyne (1855-1870). *Paris, Alph. Lemerre*, 1873, in-12, br. portrait. (*Envoi d'auteur.*)

131. Œuvres complètes de P.-J. de Béranger, édition revue par l'auteur et ornée de 104 vignettes en taille-douce. *Paris, Perrotin*, 1834, 4 vol. in-8, demi-rel. v. rose.

132. Chansons de P.-J. de Béranger anciennes et posthumes, édition populaire illustrée de 161 dessins. *Paris*, 1867, gr. in-8, demi-rel. chagr. brun.

133. Chansons (de Manne). *Lyon, Louis Perrin*, 1870, in-16, demi-rel. maroq. rouge jans. dos à nerfs, tête dor. n. r. (*Avec une lettre et envoi autogr. de l'auteur.*)

134. Recueil de fables et contes en patois saintongeois, avec la traduction en regard, par H. Burgaud des Marets. *Paris, Firmin Didot fr.*, 1859, in-16, fig. demi-rel. maroq. bleu jans. (*Lettre autogr. de l'auteur.*)

135. Noëls patois anciens et nouveaux chantés dans la Meurthe et dans les Vosges, recueillis et annotés par L. Jouve. *Paris, Firm. Didot fr.*, 1862, in-12, demi-rel. maroq. bleu jans. tête dor. n. rog.

Exemplaire sur papier jonquille.

---

136. Théâtre des Grecs, par le P. Brumoy. *Paris, chez Cussac*, 1785-89, 13 vol. in-8, v. ant. marbr. front. et figures gravés.

Cette édition a été donnée par M. André-Charles Brotier, neveu.

137. Œuvres complètes de Shakespeare, traduction entièrement revue sur le texte anglais par M. Francisque Michel, et précédée de la vie de Shakespeare par Thomas Campbell. *Paris, Firmin Didot*, 1855, 3 vol. gr. in-8, texte à deux col. demi-rel. v. vert.

138. Bibliothèque du Théâtre français depuis son origine. *Dresde*, 1768, 3 vol. in-8 et 3 frontisp. de Cochin, v. f. dent. tr. dor.

Cet ouvrage intéressant est de François-Claude Marini, dit *Marin*, littérateur spirituel.

139. Théâtre français au moyen âge, publié d'après les manuscrits de la Bibliothèque du roi par MM. Monmerqué et Francisque Michel. *Paris, Delloye et Firmin Didot fr.*, 1839, gr. in-8, demi-rel. v. bleu.

140. Œuvres de P. Corneille, avec commentaires, notes, remarques et jugements littéraires. *Paris*, 1830, 12 vol. in-8, brochés.

141. Œuvres complètes de J. Racine, avec les notes de tous les commentateurs, publiées par L. Aimé-Martin. *Paris, Lefèvre et Furne*, 1844, 6 vol. in-8, portrait gr. et fig. d'après Desenne, Girodet, maroq. rouge jans. tr. dor. (*B. Niedrée.*)

142. Œuvres de Molière, avec des remarques grammaticales par Bret. *A Paris, Tardieu-Denesle*, 1821, 6 vol. in-8, demi-rel. v. vert.

143. Œuvres complètes de Molière. *Paris, Charpentier,* 1852, 3 vol. in-12, demi-rel. dos et coins de maroq. rouge, tête dor. n. rog.

144. Histoire de la vie et des ouvrages de Molière, par J. Taschereau. *Paris, Ponthieu*, 1825, in-8, portrait de Devéria, demi-rel. chagr. rouge, n. rog.

145. Œuvres complètes de Crébillon, précédées de son éloge historique par d'Alembert. *Paris, Lheureux*, 1824, 2 vol. in-8, demi-rel. v. f.

146. Œuvres complètes de Beaumarchais, précédées d'une notice sur sa vie et ses ouvrages par M. Saint-Marc Girardin. *Paris, Didot,* 1745, gr. in-8, portrait, demi-rel. maroq. brun.

147. Œuvres de Collin d'Harleville, contenant son théâtre et ses poésies fugitives, avec une notice sur sa vie et ses ouvrages. *Paris, Delongchamps*, 1828, 4 vol. in-8, portrait, demi- rel. chagr. vert foncé.

148. Pièces de théâtre. Recueil factice composé de la Marquise de Montalle, Caton le Censeur, les Intrigants, Richard d'Arlington, Julie, ou une Séparation. Plusieurs de ces pièces sont avec envoi d'auteur. In-8, demi-rel. maroq. vert. dos orné, tête dor. n. rog.

149. Théâtre de ville et de société, précédé de contes moraux et des Novateurs gascons, par F. Vernes de L***. *Pa-

ris, P. Mongie aîné, 1820, 2 vol. in-8, demi-rel. maroq. vert clair.

Contes en vers et en prose.

150. Mémoires de Fleury, de la Comédie française, de 1757 à 1820, publiés par J.-B.-P. Lafitte. *Paris, Ch. Gosselin,* 1844, 2 vol. in-12, demi-rel. v. f.

---

151. Titi Petronii Arbitri, equitis romani, Satyricon. *Parisiis, apud Claudium Audinet,* 1677, pet. in-12, front. gr. mar. bleu, dent. à comp. tr. dor.

152. L'Éloge de la Folie, par Érasme, avec quelques notes de Listrius et les belles figures de Holbein, traduit par M. Gueudeville. *A Leide,* 1713, in-12, v. f. ant.

153. Rabelais, étude sur le seizième siècle, par Alfred Mayrargues. *Paris, Hachette,* 1868, in-12, v. f. tête marbr. n. rog.

154. Les Œuvres de M. François Rabelais, docteur en médecine. (*A la Sphère*), s. l., 1691, 2. vol. pet. in-12, v. ant. fil.

155. Œuvres de Rabelais, édition publiée par MM. Burgaud des Marets et Rathery. *Paris, Firmin Didot,* 1858, 2 vol. in-12, demi-rel. mar. viol.

156. La Seizième Joye de mariage, publiée, pour la première fois, avec préface et glossaire, par P. Jannet. *Paris, Acad. des bibliophiles,* 1866. br. in-8. (*Lettre autographe et envoi d'auteur.*)

157. Les Aventures de Télémaque, par Fénelon. *Paris, Ant.-Aug. Renouard,* 1795, 2. vol. in-4, demi-rel. v. viol.

158. Histoire de Manon Lescaut et du chevalier Des Grieux, par l'abbé Prévost, édition illustrée par Tony Johannot, précédée d'une notice historique sur l'auteur, par Jules Janin. *Paris, Bourdin, s. l.* gr. in-8, demi-rel. v. viol. tr. marbr.

159. Œuvres complètes de madame Riccoboni, nouvelle édition, ornée de figures en taille-douce. *Paris, chez Volland,* 1786, 8 vol. in-8, demi-rel. v. bleu.

160. Le Diable amoureux, roman fantastique, par J. Cazotte, précédé de sa vie, par Gérard de Nerval, illustré de 200 dessins. *Paris, Gonnet,* 1845, in-8, demi-rel. v. f.

161. Paul et Virginie, par Bernardin de Saint-Pierre. *Paris, L. Curmer,* 1828, gr. in-8, figures sur chine, demi-rel. mar. vert, fil. tr. dor.

162. Scènes de la vie privée, par de Balzac. *Paris, Furne, Dubochet,* 1842, 4 vol. in-8, figures, demi-rel. v. bleu.

163. Le Diable à Paris, illustrations de Gavarni. *Pari. J. Hetzel,* 1846, gros in-8, br.

164. Voyage où il vous plaira, par Tony Johannot, Alfred de Musset et P.-J. Staht. *Paris, Hetzel,* 1843, in-8, demi-rel. mar. viol. tr. dor.

165. Contes de Boccace. Le Décameron, ou dix journées galantes, translatées de l'italien en français par Sabatier de Castres. *Paris, J. Béchet,* 1847, in-8, figures, demi-rel. v. f.

166. L'Ingénieux Hidalgo Don Quichotte de la Manche par Miguel de Cervantès, traduit et annoté par Louis Viardot. *Paris, J. Dubochet,* 1836, 2 vol. gr. in-8, vignettes de Tony Johannot, demi-rel. mar. rouge, n. rog.

167. Le Conte du Tonneau, contenant tout ce que les arts et les sciences ont de plus sublime et de plus mystérieux, par le fameux Dr Swift, traduit de l'anglais. *A la Haye, chez Henri Scheurleer,* 1757, 3 vol. in-12, figures, demi-rel. v. ant.

168. Les Souffrances du jeune Werther, par Goëthe, traduites par le comte Henri de la B... *Paris, Crapelet,* 1845, in-8, figures de Tony Johannot, demi-rel. mar. rouge, fleurons, tête dor. n. rog.

---

169. Burmani Sylloge epistolarum. *Leide,* 1727, 5 vol. in-4, vel de Holl.

170. Lettres de Pline le Jeune, traduites par de Sacy. *Paris, Panckoucke,* 1826, 3 vol. in-8, demi-rel. v.

171. Lettres inédites de Marc-Aurèle et de Fronton, traduites avec le texte latin en regard, et des notes, par M. Armand Cassan. *Paris, Levavasseur,* 1830, 2 vol. in-8, demi rel. v. f.

172. Abailard et Héloïse, lettres, avec un Essai historique, par M. et Mme Guizot. *Paris, Didier,* 1853, in-8, demi-rel. mar. viol. plats toiles.

173. Lettres inédites de Diane de Poytiers, publiées par Georges Guiffrey. *Paris, Ve Jules Renouard,* 1866, in-8 br.

174. Lettres de Guy Patin, nouvelle édition, précédée d'une notice biographique par J.-H. Réveillé-Parise. *Paris, J.-B. Baillière,* 1846, 3 vol. in-8 br.

175. Lettres de madame de Sévigné, de sa famille et de ses amis. *Paris, chez Dalibon,* 1823, 12 vol. in-8, demi-rel. mar. rouge, fil. 25 portraits de Devéria.

176. Lettres inédites de Voltaire, recueillies par M. de
Cayrol, précédées d'une préface de M. Saint-Marc Girardin. *Paris, Didier*, 1856, 2 vol. in-8, demi rel. v. f. tr. peig.

177. Lettres de lord Chesterfield à son fils Philippe Stanhope,
traduction par M. Amédée Renée. *Paris, Jules Labitte*,
1842, 2 vol. in-12, demi-rel. dos et coins de mar. rouge,
tête dor. n. rog.

---

178. Les Colloques d'Érasme, nouvelle traduction par M.
Gueudeville, avec des notes et des figures. *A Leide*, 1720,
6 tomes en 4 vol. in-12. v. marbr.

179. La Galerie des portraits de Mlle de Montpensier, nouvelle édition avec des notes, par M. Ed. de Barthélemy.
Paris, Didier, 1860, in-8, demi-rel. dos et coins de mar.
bleu, dos orné, n. rog. (*Belz, suc. de Niedrée.*)

180. Mélanges de critique et de philologie, par S. Chardon
de la Rochette. *Paris, D'Hautel*, 1812, 3 vol. in-8, demi-
rel. v. f.

181. La Manière de bien traduire d'vne langve en avtre,
avthevr Estienne Dolet, natif d'Orléans. *Lyon*, 1540, in-12,
demi-rel. dos et coins de mar. vert, tête dor. n. rog.

Réimpression faite par Techener, à 120 exemplaires.

182. Les Conversations sur divers sujets, par Mlle de Scudéry.
Amsterdam, chez Daniel de Fresne, 1682, front. gr. 2 tom.
en 1 vol. pet. in-12, mar. rouge, fil. n. rog.

183. Des Bons Mots et des bons contes, de la raillerie des
anciens, de la raillerie et des railleurs de notre temps.
Paris, Cl. Barbin, 1692, pet. in-12. demi-rel. mar. brun.

184. Le Livre des proverbes français, par M. Le Roux de Lincy. *Paris, Ad. Delahays*, 1859, 2 vol. in-12, demi-rel. v.
vert, n. rog.

185. Mémoires de littérature et d'histoire, par le P. Desmolets.
A Paris, chez Nyon fils, 1749, 10 vol. in-12, demi-rel. v. f.
tr. rouge.

186. Nouveaux Mémoires d'histoire, de critique et de littérature, par M. l'abbé d'Artigny. *Paris, chez de Bure l'aîné*,
1729-50, 7 vol. in-12, demi-rel. v. f. tr. marbr.

---

187. Œuvres complètes de l'empereur Julien, traduction du
grec en français, par R. Tourlet. *Paris*, 1821, 3 vol. in-8,
demi-rel. v. f.

188. Œuvres complètes de M. T. Cicéron, publiées en français, avec le texte en regard, par Jos. Vict. Le Clerc. *Paris, Verdet et Lequien, de l'impr. Crapelet*, 1827, 35 tom. en 36 vol. in-12, demi-rel. dos et coins de v. f. tr. jas. (*Niedrée.*)

189. Œuvres d'Estienne Pasquier, conseiller et avocat général du Roy. *Amsterdam*, 1723, 2 vol. in-fol. v. ant.

190. Œuvres choisies d'Estienne Pasquier, accompagnées de notes et d'une étude sur sa vie et sur ses ouvrages, par Léon Feugère. *Paris, Firm. Didot fr.*, 1847, 2 vol. in-12, demi-rel. v. f.

191. Œuvres complètes de Pierre de Bourdeille, abbé séculier de Brantôme, avec notices littéraires, par C. Buchon. *Paris, Aug. Desrez*, 1828, 2 vol. gr. in-8, texte à 3 col. demi-rel. chagr. vert.

192. Recueil de pièces choisies, tant en prose qu'en vers, rassemblées en 2 vol. contenant : *le Voyage de Chapelle et Bachaumont, Lettres de Racine, Poésies du chevalier d'Aceilly, la Satyre des Satyres de Boursault, Poëme de la Madeleine,* par le P. Pierre de Saint-Louis; *les Visionnaires,* comédie de Desmarets. *La Haye,* 1714, 2 vol. in-12, demi-rel. mar. rouge, tr. peig.

193. Aventures burlesques de d'Assoucy. — Œuvres de Philippe Desportes. — Recueil de farces, sotics et moralités du xv° siècle. — Chronique de la Pucelle. *Paris, Ad. Delahays*, 1856-59, 4 vol. in-12, demi-rel. veau rose, n. rog.

194. Maucroix, œuvres diverses, publiées par Louis Paris. *Paris,* 1854, 2 vol. in-8, pap. Holl. demi-rel. dos et coins de mar. brun, tête dor. n. r.

195. Œuvres de l'abbé Fleury, publiées par Aimé-Martin. 2 vol. — Chefs-d'œuvre oratoires de Bourdaloue. — Aventures de Télémaque, par Fénelon. *Paris, Lefèvre,* 1844-45, 4 vol. in-12, demi-rel. mar. rouge, jans. n. rog.

196. Œuvres de l'abbé Fleury, précédées d'un essai sur sa vie et ses ouvrages, par Aimé-Martin. *Paris, Aug. Desrez,* 1837, gr. in-8, texte à deux col. demi-rel. dos et coins de mar. bleu foncé.

197. Œuvres de Lesage. *Paris,* 1829-30, 5 vol. in-8, demi-rel. v. vert, tr. marbr.

Gil-Blas, 3 vol. — Théâtre, 1 vol. — Le Diable boiteux, 1 vol.

198. Œuvres de Montesquieu, édition publiée par Destutt de Tracy. *Paris, Leroux,* 1828, 8 vol. in-8, portrait de Devéria, demi-rel. mar. viol.

199. Mémoires, correspondance et ouvrages inédits de Dide-
rot. *Paris, Fournier et Garnier fr.*, 1841, 2 vol. in-12, demi-
rel. v. f.

200. Œuvres de Boulanger. *Amsterdam*, 1794, 6 vol. in-8,
demi-rel. v. rose.

201. Œuvres de Thomas. *Paris, Belin*, 1819, 2 vol. in-8, v.
f. fil. noir, tr. marbr.

202. Œuvres complètes de Marmontel. *Paris*, 1819-20, 7 vol.
in-8, demi-rel. v. f.

203. Œuvres complètes de Jacques - Henri-Bernardin de
Saint-Pierre, mises en ordre et précédées de la vie de
l'auteur par L. Aimé-Martin. *Paris, Lequien*, 1830-31,
12 vol. in-8, frontisp. demi-rel. v. rose. (*Mouillures.*)

204. Œuvres complètes de Mme la baronne de Stael-Holstein.
Paris, Firm. Didot fr., 1836, 2 vol. gr. in-8, portr. demi-
rel. mar. vert.

205. Mirabeau. De la Monarchie prussienne sous Frédéric le
Grand. *Londres*, 1788, 8 vol. et atlas. — Histoire des
Etats-Généraux de la France et du parlement d'Angleterre,
2 vol. — Documents historiques sur la Hollande, 3 vol. —
Mémoires sur Mirabeau, 4 vol. Ensemble 17 vol. in-8,
et atlas in-fol. demi-rel. v.

206. Mirabeau. Travaux législatifs, 5 vol. — Histoire secrète
de la cour de Berlin, 2 vol. — Des Lettres de cachet et des
prisons d'État, 2 vol. — Pièces diverses, 1 vol. Ensemble
10 vol. in-8, demi-rel. v. vert.

207. Courier (P.-L.). Collection complète des pamphlets politiques et opuscules littéraires. *Bruxelles*, 1827. — Simple
discours de Paul-Louis, vigneron de la Chavonnière. —
Mémoires et correspondance, et opuscules inédits. *Paris*,
1828, 2 vol. Ensemble 4 vol. in-8, demi-rel. v. et cart.

208. Œuvres complètes de M. Ancelot, précédées d'une notice sur sa vie et ses ouvrages, par X.-B. Saintine. *Paris,
Ad. Delahays*, 1855, gr. in-8, demi-rel. v. viol.

209. Œuvres complètes de H. Rigault, précédées d'une notice biographique et littéraire, par M. Saint-Marc Girardin.
Paris, Hachette, 1859, 4 vol. in-8, demi-rel. mar. rouge,
jans. tête dor. n. rog.

210. Laboulaye (Ed.). Correspondance de Benjamin Franklin,
2 vol. — Mémoires et Essais de morale et d'économie politique, 2 vol. *Paris, Hachette*, 1866-67. Ensemble 4 vol.
in-12, br.

211. Sainte-Beuve. Volupté. — Poésies complètes. — Études
sur Virgile. — Tableau de la poésie française et du théâtre

français au xvie siècle. — Mémoires de Beaumarchais. —
La Bruyère et la Rochefoucauld.— *Paris, Charpentier, 1843,
et Garnier fr., 1857, 6 vol. in-12, demi-rel. v. f.*

Chaque volume contient une lettre autographe ou un envoi d'auteur.

212. Villemain. Souvenirs contemporains d'histoire et de
littérature. Tableau de l'éloquence chrétienne au ive siècle.
Etude de littérature ancienne et étrangère. *Paris, Didier,
1852-53. 4 vol. in-12, demi-rel. v. bleu.*

213. Mélanges, par D. Nisard. *Paris, Delloye et Lecou, 1838,
2 vol. in-8, demi-rel. v. rose. (Lettre et envoi autogr. de
l'auteur.)*

214. Variétés littéraires, morales et historiques, par M. S. de
Sacy. *Paris, Didier, 1858, 2 vol. in-8, demi-rel. mar. br.*
fleuron, tr. peignes.

215. Œuvres complètes de Sterne. — Œuvres choisies de
Goldsmith, édition ornée de 8 vignettes et augmentée de
notices biographiques et littéraires par Walter Scott, traduites par M. Francisque Michel. *Paris, Firm. Didot, 1866,*
gr. in-8, portrait, demi-rel. mar. vert.

---

216. Bibliotheca græco-latina. *Parisiis, Firm. Didot, 1846-
1856, 14 vol. pet. in-4, texte à 2 col. demi-rel. v. tr.*
marbr.

Thucydide. — Xénophon. — Homère. — Eschyle. — Hérodote.— Erotici
Scriptores. — Aristophane. — Démosthène. — Plutarque. — Lucien et Euri-
pide.

217. Collection des auteurs latins, avec la traduction en
français, publiée sous la direction de M. Nisard. *Paris, Dubochet et Le Chevalier, 1840-1850, 27 vol. gr. in-8, demi-rel.*
dos et coins de v. fauve, tr. jasp.

218. Bibliothèque de poche, par une société de gens de lettres et d'érudits. *Paris, Paulin et Le Chevalier, 1855,
10 vol. in-12, demi-rel. v. f.*

Curiosités philologiques. — Bibliographiques. — De l'archéologie. — Historiques. — Des traditions. — Militaires. — Littéraires. — Biographiques.
— Anecdotiques. — Des inventions et découvertes.

219. Bibliothèque elzevirienne. *Paris, P. Jannet, 1855*
12 vol. in-12, cart. n. rog.

Corneille. — Senecé. — Saint-Amant. — Regnier. — Fr. Villon. — Théo-
phile. — Baron de Fœneste. — Gérard de Rossillon. — Mme de Cour-
celles.

220. Nouvelle Collection Jannet. *Paris, E. Picard*, 1867, 28 vol. in-12, cart. bl. percal. n. rog.

Le Diable boiteux. — Paul et Virginie. — Daphnis et Chloé. — Sakountala. — Jehan de Paris. — Contes fantastiques. — Villon. — Manon Lescaut. — Regnier. — Til Ulespiegle. — Malherbe. — Don Pablo de Ségovie. — La Fontaine. Fables et contes. — Princesse de Clèves. — Rabelais. — Clément Marot. — Le Roman bourgeois.

HISTOIRE.

BIOGRAPHIE. — BIBLIOGRAPHIE.

221. Dictionnaire universel d'histoire et de géographie, par Bouillet. *Paris, Hachette*, 1854, gros in-8, demi-rel. dos et coins de mar. brun, tr. peign.

222. Voyage pittoresque autour du monde, résumé général des voyages de découvertes, publié sous la direction de M. Dumont d'Urville, accompagné de cartes et nombreuses gravures en taille-douce. *Paris, Tenré*, 1834, 2 vol. gr. in-8, demi-rel. v. bleu.

223. Voyage autour du monde, entrepris par ordre du gouvernement sur la corvette *la Coquille*, par P. Lesson. *Paris, P. Pourrat*, 1839, 2 vol. in-8, gravures, demi-rel. mar. bleu.

224. Histoire pittoresque des voyages autour du monde, par L.-E. Hatin, ornée de 15 costumes et 2 cartes color. *Paris, Dutertre*, 1848, 2 vol. in-8, demi-rel. mar. bleu.

225. Voyage littéraire de deux religieux bénédictins de la congrégation de Saint-Maur (par les PP. Edmond Martène et Ursin Durand), ouvrage enrichi de figures. *Paris*, 1617, in-4, v. ant.

226. Voyages en zigzag, ou excursions d'un pensionnat en vacances dans les cantons suisses et sur le revers italien des Alpes, par R. Topffer, illustrés d'après des dessins de l'auteur, par M. Calame. *Paris, J. Dubochet*, 1844, gr. in-8, demi-rel. v. bleu, tr. marbr.

227. Voyage au Levant, c'est-à-dire dans les principaux endroits de l'Asie Mineure, enrichi d'un grand nombre de

figures en taille-douce, par Corneille Le Bruyn. *Paris*, 1725, 5 vol. in-4, v. ant.

228. Correspondance de V. Jacquemont avec sa famille et plusieurs de ses amis, pendant son voyage dans l'Inde (1828-32). *Paris*, 1841, 2 vol. in-12, portr. demi-rel. v. bleu.

229. Correspondance inédite de Victor Jacquemont avec sa famille et ses amis, publiée par Prosper Mérimée. *Paris, Mich. Lévy fr.*, 1867, 2 vol. in-8, demi-rel. v. f. tête marbr. n. rog.

230. Second Voyage du Père Tachard et des Jésuites envoyez par le Roy au royaume de Siam. *Paris, chez Daniel Horthemels*, 1689, in-4, demi-rel. v. f.

231. Ambassades de la Compagnie hollandoise des Indes d'O-rient vers l'Empereur du Japon, avec une description du pays, des mœurs, religion, coutumes, etc. *A la Haye, chez Meindert Uitwerf*, 1696, 2 vol. in-16, demi-rel. dos et coins de mar. vert, fil. tr. dor.

232. Volney. Voyages en Syrie et en Égypte pendant les an-nées 1783, 84 et 85. — Les Ruines, ou Méditations sur les révolutions des Empires. *Paris, an VII*, 3 vol. in-8, figures, demi-rel. v. f.

233. Voyage en Abyssinie, dans les pays des Gallas de Choa et d'Ifat, précédé d'une Excursion dans l'Arabie Heureuse, et accompagné d'une carte de ces diverses contrées, par M. Ed. Combes et M. Tamisier. *Paris, L. Desessart*, 1838, 4 tomes en 2 vol. in-8, demi-rel. v. gris.

234. Les Voyages advantvrevx de Fernand Mendez Pinto, fidèlement tradvits de portugais en françois par le sieur Bernard Fegvier. *Paris*, 1645, in-4, demi-rel. v. f.

---

235. De la Gloire de magnificence des anciens, par Clavde Malingre, Senonois. *Chez Jean Laqvehay*, 1612, pet. in-12, v. f. ant. fil.

236. La Milice des Grecs et Romains, traduite en françois du grec d'Ælian et de Polybe. *Paris, s. d.*, in-fol. demi-rel. dos et coins de mar. rouge, tête dor. n. rog.

237. Choix des historiens grecs, avec notices biographiques, par C. Buchon. — Ouvrages historiques de Polybe, Héro-dien et Zosime. *Paris, A. Desrez*, 1836-37, 2 vol. gr. in-8. demi-rel. v. f.

238. Victor Duruy. Histoire romaine et Histoire grecque, 2 vol. — Histoire de la littérature romaine, par Alexis

Pierron. — Histoire de la littérature française, par J. De-
mogeot. *Paris, Hachette*, 1850-52, 4 vol. in-12 br.

239. L'Expédition de Cyrus dans l'Asie supérieure, et la re-
traite des Dix-Mille, ouvrage traduit du grec par M. Lar-
cher. *Paris, chez les fr. de Bure*, 1778, 2 vol. in-8, demi-
rel. mar. rouge, fil. n. rog.

240. Histoire de la gverre des Peloponnesiens et Atheniens,
escripte et divisée en huict livres, par Thvcydide, Athe-
nien, traduicte de grec en françois par Lovys Iavsard
d'Vzez. (*S. l.*), *pour Iaques Chouet*, 1600. In-4, parch.

241. Q. Cvrtii Rvfi historiarum Libri. *Ludg. Batavorum, ex
officina Elzeviriana*, 1656, pet. in-12, front. gr., maroq.
vert, fil. tr. dor. (*Muller, s' de Thouvenin.*)

242. Histoire de Dion Cassivs de Nicée, abrégée par Xiphilin,
traduite de grec en françois par monsieur de B. G. *Paris,
Claude Barbin*, 1674, 2 vol. in-12, v. marbr. fil. (*Aux
armes de la marquise de Pompadour.*)

243. Voyage du jeune Anacharsis en Grèce, par J. Barthélemy. *Paris, Et. Ledoux*, 1830. 5 vol. in-8 et atlas; figures;
dem.-rel. v. f.

244. Écrivains de l'Histoire Byzantine, traduction du président
P. Cousin. *Suivant la copie imprimée à Paris (la Sphère)*,
1685, 8 tomes en 10 vol. in-12, parch. front. gr.

245. Les Antiquitez romaines de Denys d'Halicarnasse, traduites du grec par le P. Gabriel François Le Jay, de la
Compagnie de Jésus, avec des notes historiques, critiques
et géographiques. *A Paris, chez Grégoire Dupuis*, 1722,
2 vol. in-4, v. ant.

246. Histoire des révolutions arrivées dans le gouvernement
de la République romaine, par l'abbé de Vertot. *Calais*,
1808, 3 vol. in-12, maroq. rouge, dent. à comp. tr.
dor.

247. Appian Alexandrin, historien grec, des Guerres des
Romains, liures XI, traduicts en françois par feu maistre
Claude de Seyssel. *A Paris, chez Abel l'Angelier*, 1580,
gr. in-12, maroq. rouge, large dent. à petits fers sur les
plats, tr. dor. (*Chipot.*)

248. Histoire des guerres civiles de la République romaine,
traduite du grec d'Appien d'Alexandrie, par J.-J. Combes
Daunous. *Paris*, 1808, 3 vol. in-8, dem.-rel. v. viol.

249. Études sur l'histoire romaine, par Prosper Mérimée.
Paris, V. Mager, 1844, 2 vol. in-8, dem.-rel. v. vert. —
— Horace et l'empereur Auguste, par Eusèbe Salverte.
Paris, 1823, in-8, dem.-rel. v. bleu.

250. Le Parfait Capitaine, ou Abrégé des guerres des Commentaires de César. *S. l.*, 1757, pet. in-12, dem.-rel. dos et coins de v. f. tête dor. n. rog.

251. Suetonii Opera et commentarius Samuelis Pitisci. *Trajecti ad Rhenum*, 1690, 2 vol. in-8, vél. front. gr.
Bonne édition pour l'anc. collection *Variorum*.

252. Suétone, avec la traduction en français, par M. Baudement. *Paris, Dubochet et Le Chevalier*, 1845, in-12, v. f. fil. dos orné, tête dor. n. rog.

253. Histoire des empereurs romains depuis Auguste jusqu'à Constantin, par M. Crevier. *Paris, Desaint et Saillant*, 1750-56, 6 vol. in-4, v. ant. marbr.

254. Examen critique des historiens anciens de la vie et du règne d'Auguste, par Egger. *Paris*, 1844. — Études littéraires et morales sur les historiens latins, par M. Laurentie. *Paris*, 1822. Ens. 2 vol. in-8, demi-rel. v. f.

255. Les Douze Césars, traduits du latin de Suétone, avec des notes et des réflexions, par M. de la Harpe. *Paris*, 1770, 2 vol. in-8, v. gr. fil. tr. dor.

256. Tableau de l'Empire romain, par Am. Thierry. *Paris, Didier*, 1862, in-8, fig. demi-rel. cuir de Russie, fil. tr. peig.

257. Relations politiques et commerciales de l'Empire romain avec l'Asie orientale, par M. Reinaud. *Paris, Impr. impériale*, 1863, in-8, demi-rel. v. f. cartes.

258. Ammien Marcellin, ou les dix-huit livres de son Histoire qui nous sont restés (trad. par de Moulines). *Lyon*, 1778, 3 vol. in-12, v. f. ant.

259. Des Journaux chez les Romains, recherches précédées d'un mémoire sur les annales des pontifes, et suivies de fragments des journaux de l'ancienne Rome, par J.-Vict. Le Clerc. *Paris, Firm. Didot*, 1838, in-8, demi-rel. v. bleu, fil.

260. Histoire de la décadence et de la chute de l'Empire romain, par Edouard Gibbon, avec une notice par C. Buchon. *Paris, A. Desrez*, 1837, 2 vol. gr. in-8, texte à 2 col. demi-rel. v. f.

261. Œuvres complètes de Flavius Josèphe, avec notice biophique par C. Buchon. *Paris, Aug. Desrez*, 1836, gr. in-8, demi-rel. v. viol.

262. Histoire des croisades, par Michaud, précédée d'une Vie de Michaud par M. Poujoulat. *Paris*, 1841, 6 vol. in-8, portrait et figures, demi-rel. v. f.

263. Patria. La France ancienne et moderne, morale et matérielle, ou Collection encyclopédique et statistique de tous les faits relatifs à l'histoire physique et intellectuelle de la France et de ses colonies. *Paris, J. Dubochet*, 1847, 2 vol. gr. in-12, texte à 2 col. maroq. viol. tr. marbr.

264. France pittoresque, par A. Hugo. *Paris, Delloye*, 1835, 3 vol. in-4, nombr. fig. sur bois et cartes, demi-rel. veau.

265. Histoire de France, par Anquetil. *Paris*, 1830, 14 tomes en 7 vol. in-8, portrait, demi-rel. v. f.

266. Histoire des Français, par Th. Lavallée. *Paris, Charpentier*, 1852, 4 vol. in-12, demi-rel. dos et coins de maroq. rouge, tête dor. n. rog.

267. Histoire de France, par MM. Henri Bordier et Éd. Charton. *Paris, Magasin pittoresque*, 1860, 2 vol. in-8, cart. n. rog. nombr. illustrations intercalées dans le texte.

268. Dictionnaire historique des institutions, mœurs et coutumes de la France, par A. Chéruel. *Paris, Hachette*, 1855, 2 vol. in-12, texte à 2 col. demi-rel. maroq. viol. plats toile, tr. dor.

269. Les Archives de la France, par le marquis de Laborde. *Paris, Vᶜ Renouard*, 1867, in-12, demi-rel. maroq. rouge foncé jans. tête dor. n. rog.

270. Fastes de la nation française, par Ternisien d'Haudricourt. *A Paris, chez Decrouan, graveur, s. d.*, 3 vol. in-4, pap. vélin, demi-rel. chagr. rouge, tr. dor.

Papier vélin.

271. Publications de la Société de l'histoire de France. *Paris, J. Renouard*, 1839-62, 9 vol. in-8, br.

Correspondance de l'empereur Maximilien, 2 vol. — Registres de l'hôtel-de-ville de Paris pendant la Fronde, 3 vol. — Journal historique du règne de Louis XV, 2 vol. — Chronique des quatre premiers Valois, 1 vol. — OEuvres d'Eginhard (tome II seul).

272. Abrégé chronologique de l'histoire de France, par le président Hénault ; nouvelle édition, corrigée par C.-A. Walckenaer. *Paris, Amable Coste*, 1821-22, 6 vol. in-8, demi-rel. v. f. dos orné; tr. marbr.

273. Mémoires de Jean sire de Joinville, publiés par M. Francisque Michel. *Paris, Firm. Didot fr.*, 1859, in-12, figures, demi-rel. maroq. rose foncé, dos à nerfs, tête dor. n. rog. (*Lortic.*)

Envoi de l'éditeur.

274. Mémoires du mareschal de Bassompierre, contenant l'histoire de sa vie et de ce qui s'est fait de plus remarquable à

la cour de France pendant quelques années. *A Cologne, chez Pierre du Marteau,* 3 vol. pet. in-12, demi-rel. veau.

275. Mémoires d'Estat, par M. de Villeroy. *Jouxte la copie imprimée à Sedan,* 1623, 4 vol. pet. in-8, v. f. ant. (*Aux armes de Soubise.*)

276. Anquetil. Histoire politique des troubles de la France pendant les xvi⁰ et xvii⁰ siècles. 2 vol. — L'Intrigue du cabinet sous Henri IV et Louis XIII. 2 vol. — Louis XIV, sa cour et le Régent. 2 vol. *Paris, Janet et Cotelle,* 1818, Ens. 6 vol. in-8, demi-rel. chagr. vert.

Cachet sur les titres.

277. Histoire de la Fronde, par M. le comte de Sainte-Aulaire. *Paris, Ducrocq,* 1843, 2 vol. in-8, 2 portraits, demirel. dos et coins de maroq. bleu, tête dor. n. rog.

278. Choix de Mazarinades, publié pour la Société de l'histoire de France, par C. Moreau. *Paris, Jules Renouard,* 1853, 2 vol. in-8, demi-rel. maroq. vert, tr. peig.

279. Mémoires de mademoiselle de Montpensier, fille de Gaston d'Orléans, frère de Louis XIII, roy de France. *Amsterdam, chez J. Wetstein et G. Smith,* 1746-7, 2 vol. in-12, demi-rel. v. f. (*Petit, succ^r de Simier.*)

280. Mémoires de madame de Motteville sur Anne d'Autriche et sa cour, avec une notice par Sainte-Beuve. *Paris, Charpentier,* 1855, 4 vol. in-12, demi-rel. maroq. rouge, plats toile.

281. Madame de Montespan et Louis XIV, par Pierre Clément. *Didier,* 1868, in-8, br. (*Lettre autogr. de l'auteur.*) — Bossuet précepteur du dauphin fils de Louis XIV, par A. Floquet. *Paris,* 1864, in-8, br. — Gandar. — Bossuet orateur, et sermons de la jeunesse de Bossuet. *Paris, Didier,* 1867, 2 vol. in-8, demi-rel. v. f.

282. Mémoires sur la vie publique et privée de Fouquet, par A. Chéruel. *Paris, Charpentier,* 1862, 2 vol. in-12, demirel. v. f.

283. Conversations inédites de Mme la marquise de Maintenon, précédées d'une notice historique par M. de Monmerqué. *Paris, Blaise,* 1828, in-8, demi-rel. vert.

Exemplaire en grand papier.

284. Mémoires de Louis XIV, par Ch. Dreyss. *Paris, Didier,* 1860, 2 vol. in-8, demi-rel. v. vert.

285. Anecdotes secrètes du xviii⁰ siècle, rédigées avec soin d'après la correspondance secrète, politique et littéraire,

par P.-J.-B. N. *Paris, Léop. Collin,* 1808, 2 vol. in-8, demi-
rel. v. f.

286. Discours et opinions de Voyer d'Argenson, précédés
d'une notice biographique. *Paris,* 1845, 2 vol. in-8, portrait, demi-rel. v. f.

287. Mémoires du duc de Lauzun. *Paris, chez Barrois l'aîné,*
1822, in-8, demi-rel. dos et coins de maroq. brun, tête
dor. n. rog.

288. Le Calendrier de la cour pour l'année 1770. — (Le même)
pour l'année 1791. — Almanach de Versailles pour l'année
1789. — Le Trésor des almanachs, étrennes nationales
pour l'année 1785. — Ens. 4 vol. pet. in-16, maroq. rouge,
fil. tr. dor.

289. Histoire parlementaire de la Révolution française, de-
puis 1789 jusqu'en 1845, par P.-J. Buchez et P.-L. Roux.
Paris, Paulin, 1835-38, 40 vol. in-8, br.
Les 14 premiers volumes sont en livraison.

290. Histoire-Musée de la république française, par Augustin
Challamel, avec les estampes, costumes, médailles, caricatures, portraits historiés et autographes les plus remarqua-
bles du temps. *Paris, Challamel,* 1842, 2 vol. in-8, demi-
rel. maroq. noir.

291. Histoire de la Révolution française, depuis 1789 jusqu'en
1814, par Mignet. *Paris, Firm. Didot fr.,* 1845, 2 vol. in-8,
portrait et gravures, demi-rel. chagr. viol.

292. Le Courrier de Provence, commencé le 2 mai 1789, jusqu'au 14 juillet 1791. *Paris, de l'imprimerie du Patriote
français,* 7 vol. in-8, v. ant. marbr.

293. Discours et opinions de Mirabeau, précédés d'une notice
historique sur sa vie, par M. Barthe. *Paris,* 1820, 2 vol.
in-8, portrait et fac-simile, demi-rel. v. f.

294. Pièces relatives à la Révolution. 1 vol. — G. Babœuf. —
Le Tribun du peuple, 43 numéros. — L'Eclaireur du peuple (par Séb. Lalande), 7 numéros. — Copie des pièces sai-
sies dans le local que Babœuf occupait lors de son arresta-
tion. *Paris, Impr. nationale, an V.* 2 vol. — Ens. 4 vol.
in-8, demi-rel.

295. Le Père Duchesne (105 numéros). *De l'imprimerie du
Père Duchesne,* in-12, v. viol. tr. jasp. rel. moderne.

296. Liste générale et très-exacte des noms, âges, qualités et
demeures de tous les conspirateurs qui ont été condamnés
à mort par le tribunal révolutionnaire. *A Paris, l'an
deuxième de la République,* in-8, demi-rel. bas.
Réunion de 9 listes avec un supplément à la 9e liste.

297. Histoire de Robespierre, d'après des papiers de famille, les sources originales et des documents entièrement inédits, par Ern. Hamel. *Paris, Lacroix et Verboekhoven*, 1865-67, 3 vol. in-8, br.

298. Mémoires sur Carnot, par son fils. *Paris, Pagnerre*, 1861, 2 vol. gr. in-8, portrait, demi-rel. v. f. tête marbr. n. rog.

299. Histoire du Consulat et de l'Empire, par M. Adolphe Thiers. *Paris, Paulin, Lheureux*, 1845-62, 20 vol. in-8, demi-rel. maroq. vert, fil.

300. Histoire de l'empereur Napoléon, par P.-M. Laurent de l'Ardèche, illustrée par Horace Vernet. *Paris, Dubochet*, 1840, gr. in-8, demi-rel. maroq. vert.

301. Napoléon et Marie-Louise, souvenirs historiques de M. le baron Méneval. *Paris, Amyot*, 1844-45, 3 vol. in-12, demi-rel. v.

302. Napoléon. Histoire de son règne, par M. Kermoysan, 4 vol. — Souvenirs du premier Empire, publiés par le même. *Paris*, 1853-60, 4 vol. in-12, demi-rel. v. f. (*Envoi d'auteur.*)

303. Histoire des deux Restaurations, par Achille de Vaulabelle. *Paris, Perrotin*, 1847, 7 vol. in-8, demi-rel. maroq. bleu.

304. Papiers et Correspondance de la famille impériale. *Paris, Impr. nationale*, 1870, 25 livraisons réunies en 2 vol. in-8, demi-rel. cart. perc.

305. Articles et extraits de différents journaux et de documents relatifs à la Commune de Paris de 1871, réunies en 2 vol. in-8, demi-cart. perc.

---

306. Histoire de la ville et de tout le diocèse de Paris, par l'abbé Lebeuf ; nouvelle édition, annotée et continuée jusqu'à nos jours par Hipp. Cocheris. *Paris, Aug. Durand*, 1863-67, 3 vol. in-8, br. (*Envoi d'auteur.*)

307. Dictionnaire historique de la ville de Paris et de ses environs, par MM. Hurtaut et Magny. *A Paris, chez Moutard*, 1779, 4 vol. in-8, v. ant. (*Plans.*)

308. Description de Paris et de ses édifices, par G. Legrand et P. Landon. *Paris*, 1806, 2 vol., plan et gravures. — Description de Londres et de ses édifices (par les mêmes). *Paris*, 1810, plan et figures. — Ens. 3 vol. in-8, cart.

309. Plan topographique et raisonné de Paris, par Pasquier et Denis, graveurs. *Paris*, 1765, in-12, fig. et cartes color.

v. m. — Almanach des environs de Paris, contenant la topographie de l'archevêché et des différents endroits du diocèse. *Paris, Desnos*, 1773, in-12, carte col. v. ant.

310. Voyage pittoresque de Paris, ou indication de tout ce qu'il y a de plus beau dans cette ville en peinture, sculpture et architecture, par M. D*** (d'Argenville.) *Paris, chez les fr. de Bure*, 1778, 2 vol. in-12, front. et figures, demi-rel. v. bleu.

311. Voyage de Paris à la Roche-Guion, en vers burlesques, par M. M***. *A la Haye, et se trouve à Paris, s. d.*, pet. in-12, dos et coins de maroq. bleu, dos orné, tête dor. n. rog.

312. Les Églises de Paris, précédées d'une introduction de M. l'abbé Pascal. *Paris*, 1843, in-8. 20 belles gravures sur acier, demi-rel. v. viol.

313. Les Églises et monastères de Paris, pièces en prose et en vers des IXe, XIIIe et XIVe siècles, publiées d'après les manuscrits, avec notes et préface, par L. Bordier. *Paris, Aug. Aubry*, 1856, in-12, cart. n. rog. .

314. Les Hôtels historiques de Paris, histoire, architecture, par Georges Bonnefons. *Paris, veuve Lecou*, 1852, gr. in-8, figures, demi-rel. v. f.

315. Histoire de l'Université de Paris, depuis son origine jusqu'en l'année 1600, par M. Crevier. *A Paris, chez Desaint et Saillant*, 1761, 7 vol. in-12, demi-rel. dos et coins de maroq. rouge, jans. tête dor. n. rog.

316. Histoire de l'Université de Paris au XVIIe et au XVIIIe siècle, par Charles Jourdain. *Paris, L. Hachette*, 1862, 2 vol. in-folio, demi-rel. mar. br. n. rog.

317. Paris marié, philosophie de la vie conjugale, par H. de Balzac, commenté par Gavarni. *Paris, Hetzel, s. d.*, in-12, demi-rel. v. f. — Paris dans l'eau, par Eugène Briffault, illustré par Bertall. *Paris, Hetzel*, 1844, in-12 demi-cart. perc.

318. Paris pendant la Révolution, 1789-1798, ou le Nouveau Paris, par Sébastien Mercier. — Mémoires de Louvet. — Mémoires de Dulaure. — Mémoires de Garat. *Paris, Poulet-Malassis*, 4 vol. in-12, br.

319. Paris révolutionnaire. *Paris, Guillaumin*, 1848. — Nomenclature des rues de Paris, 1817, in-8. — Le Parfait Almanach de Paris et de ses environs, 1847. — Les Eglises gothiques. — Itinéraire de l'artiste et de l'étranger dans les églises de Paris, 1833. — Ens. 5 vol. in-8 et in-12, demi-rel.

320. Histoire de Montmartre, par D.-J.-F. Chéronnet, revue et publiée par M. l'abbé Ottin, curé de Montmartre. *Paris*, 1843, in-8, demi-rel. v. f.

321. La Seine et ses bords, par Ch. Nodier, vignettes par Mairville et Foussereau. *Paris*, 1836, in-8, demi-rel. dos et coins de maroq. vert foncé, jans. tête dor. n. rog.

322. Les Environs de Paris, illustrés, par Ad. Joanne. *Hachette, cartes, col.* — Musée des Thermes et de l'hôtel de Cluny, catalogue, 1850. — Atlas topographique du plan géométral de la ville de Paris, avec le tracé des alignements arrêtés par le gouvernement, en 22 planches. *Paris*, 1813. — Description de l'hôtel royal les Invalides, 1823. — Notice sur Saint-Nicolas-des-Champs. — Notice sur l'hôpital de la Charité, par Ch. Leguay, 1866. — 3 pièces réunies en 1 vol. — Ens. 4 vol. in-8 et in-12, demi-rel.

323. Histoire physique, civile et morale des environs de Paris. *Paris, Furne*, 1838, 6 vol. in-8, figures, demi-rel. dos et coins de maroq. vert, tr. marbr.

324. Itinéraire de la vallée de Montmorency, par L.-V. Flamand-Gértry, le tout orné de portraits, paysages, plans et cartes. *Paris, Arthus Bertrand*, 1835, 2 vol. in-8, demi-rel. v. f.

325. Versailles ancien et moderne, par le comte Alex. de Laborde. *Paris*, 1841, gr. in-8, figures, demi-rel. chagr. vert.

326. Description historique des château, bourg et forêt de Fontainebleau, enrichie de plusieurs plans et figures, par M. l'abbé Guilbert. *Paris*, 1731, in-12, demi-rel. maroq. vert, jans.

327. Compiègne et ses environs, par Léon Skig, illustré de douze vues et d'une carte. *Paris*, 1836, in-8, demi-rel. dos et coins de v. f. dos orné et à nerfs, tête dor. n. rog. (*Lortic.*)

327 *bis*. Dictionnaire du patois du pays de Bray, par l'abbé J.-E. Decorde. *Paris, Derache*, 1852, in-8, demi-rel. v. f. n. rog.

328. L'Histoire de l'Église métropolitaine de Reims, premièrement escrite en latin (non encore imprimée), par Floard, iadis chanoine d'icelle église, et maintenant traduite en françois par maistre Nicolas Chesneau. *A Reims, imprimé par Jean de Foigny*, 1580, in-4, v. aut.

329. L'Orléanais. Histoire des ducs et du duché d'Orléans, par M. V. Philipon de la Madelaine. *Paris, Mallet*, 1845, in-8, figures, demi-rel. maroq. vert, fil. tr. dor.

330. Histoire de Blois et de son territoire, par Touchard-La-
fosse. *Blois*, 1841, in-12, figures, demi-rel. v. f. dos orné,
tête dor. n. r.

331. Histoire de Blois et de son territoire, par G. Touchard-
Lafosse. *Blois*, 1846, in-8, figures, demi-rel. maroq. vert,
plats, toiles, fil.

332. Mémoires de Fléchier sur les grands jours d'Auvergne
en 1665. *Paris, Hachette*, 1856, in-8, figure, demi-rel. dos
et coins de maroq. rouge, dos orné, fil. tête dor. n. rog.

333. Description naïve et sensible de la fameuse église
Sainte-Cécile d'Albi; édition nouvelle, publiée par Eug.
d'Auriac. *Paris, Acad. des bibliophiles*, 1867, pet. in-12, br.
n. rog.

Tiré à 250 exemplaires.

334. Histoire de l'ancienne cathédrale d'Alby, depuis les
premiers temps connus jusqu'à la fondation de la nouvelle église Sainte-Cécile, par Eug. d'Auriac. *Paris, Impr.
impériale*, 1858, in-8, demi-rel. dos et coins de maroq.
rouge, jans. tête dor. n. rog.

335. Histoire de Nîmes, par D. Nisard. *Paris, Desenne*,
1835, gr. in-8, figures, demi-rel. viol.

------

336. Histoire de la conquête de l'Angleterre par les Normands, par Aug. Thierry. *Paris, Just Teissier*, 1836, 4 vol.
in-8, demi-rel. v. f.

337. Histoire d'Italie, par le docteur Henri Léo, traduite de
l'allemand par M. Dochez. *Paris, Parent-Desbarres*, 1837-
39, 3 vol. gr. in-8, demi-rel. dos et coins de maroq. vert,
fil.

338. Les Anecdotes de Florence, ou l'histoire secrète de la
maison de Médicis, par le sieur de Varillas. *A la Haye*,
1685, pet. in-12, demi-rel. maroq. rouge, tr. peig.

339. Vues de la Hollande et de la Belgique, dessinées par
W.-H. Bartlett, et accompagnées d'observations historiques et topographiques, par le professeur N.-G. Van Kam-
pen. *Londres, Georges Virtue, s. d.*, in-8, demi-rel. v. f. n.
rog.

340. Mémoires de Hollande, histoire particulière en forme
de roman, par Mᵐᵉ la comtesse de la Fayette, publiée avec
des notes par A.-T. Barbier. *Paris, J. Techener*, 1856,
pet. in-12, portraits, demi-rel. dos et coins de maroq.
bleu, jans. tr. peig.

------

341. Mémoires pour servir à l'histoire des hommes illustres
dans la république des lettres (par le P. Niceron). *Paris*,
1729-45, 43 tomes en 44 vol. in-12, v. gr.

342. Histoire abrégée de la littérature romaine, par F. Schœll.
Paris, Gide, 1815, 4 vol. in-8, demi-rel. v. f.

343. Considérations sur l'origine et le progrès des belles-
lettres chez les Romains et les causes de leur décadence,
par l'abbé Le Moine d'Orgival. *Amsterdam*, 1750, in-12,
demi-rel. dos et coins de v. f. tr. peig.

344. Essai sur l'Histoire littéraire du moyen âge, par J.-P.
Charpentier (de Saint-Prest). *Paris, Maire-Nyon*, 1833,
in-8, demi-rel. dos et coins de v. f. dos orné et à nerfs,
tête dor. n. rog. (*Lortic.*)

345. Histoire littéraire des Troubadours, contenant leurs
vies, les extraits de leurs pièces, et plusieurs particularités
sur les mœurs, les usages et l'histoire des XIIe et XIIIe siècles (par M. de Sainte-Palaye). *Paris*, 1774, 3 vol. in-12, v.
f. ant.

346. Bibliothèque françoise, ou Histoire de la littérature
françoise, par l'abbé Goujet. *Paris*, 1741-1756, 18 vol. in-
12, v. ant. fil.

347. Mémoires pour servir à l'Histoire de notre littérature,
par M. Palissot. *Paris, de l'impr. de Crapelet*, 1803, 2 vol.
in-8, demi-rel. dos et coins de v. f. tête dor. n. rog.

348. Histoire de la Littérature française, par D. Nisard. *Paris,
Firm. Didot, fr.* 1844, 4 vol. in-8, demi-rel. v. f. (*Envoi
d'auteur.*)

349. Histoire de la littérature française, par D. Nisard. *Paris, Firm. Didot fr.*, 1874, 4 vol. in-12, demi-rel. maroq.
rouge, dos orné, tête dor. n. rog. (*Envoi d'auteur.*)

— Même ouvrage. *Paris, Firmin Didot*, 1867, 4 vol. in-12,
demi-rel. dos et coins maroq. brun, la Vall. fil. tête dor.
n. rog.
Envoi d'auteur et lettre autographe.

350. Histoire littéraire de la congrégation de Saint-Maur,
ordre de Saint-Benoit, où l'on trouve la vie et les travaux
des auteurs qu'elle a produits depuis son origine en 1618
(par dom Tassin). *A Bruxelles et se trouve à Paris*, 1770,
in-4, v. ant.

351. Histoire des journaux et des journalistes de la Révolution française (1789-1796), précédée d'une introduction
générale, par Léonard Gallois. *Paris*, 1845, 2 vol. in-8,
maroq. noir, portraits.

352. Histoire du Journal des savants depuis sa fondation jusqu'à nos jours, par Hipp. Cocheris. *Paris, Durand,* 1860, in-4, dem.-rel. maroq. rouge, dos, nerfs, tr. peig. (*Lettre autogr. de l'auteur.*)

353. Manuel d'archéologie religieuse, civile et militaire, par J. Oudin. *Paris,* 1845. — Manuel élémentaire d'archéologie nationale, par l'abbé Jules Corblet. *Paris et Lyon,* 1851. Ens. 2 vol. in-8, dem.-rel. maroq. rouge et maroq. brun.

354. Mélanges d'archéologie et Mélanges historiques et littéraires. 21 pièces en 2 vol. in-8, dem.-rel. v.

Description des antiquités égyptiennes, grecques et romaines. — La Glyptique au moyen âge. — Sur le prix du papier dans l'antiquité. — Le système monétaire des Francs sous les deux premières races. — Des progrès de l'imprimerie en France et en Italie au xvie siècle. — Recherches sur l'usage et l'origine des tapisseries à personnages dites historiées, etc., etc.

355. Inscriptions grecques et latines recueillies en Grèce par la commission de Morée et expliquées par Ph. Lebas. *Paris, Firmin Didot frères,* 1835, 2 vol. in-8, dem.-rel. maroq. viol.

356. Biographie universelle classique, ou Dictionnaire historique, par une société de gens de lettres. *Paris, Ch. Gosselin,* 1829, 3 gr. vol. in-8, texte à deux col., v. f. fil. tr. marb. (*Thouvenin.*)

357. Dictionnaire biographique universel et pittoresque, orné de portraits imprimés dans le texte. *Paris, Aimé André,* 1834, 4 tomes en 2 vol. in-8, dem.-cart.

358. Dictionnaire historique et critique, par P. Bayle, avec la vie de l'auteur, par M. Desmaizeaux. *Amsterdam,* 1730, 4 vol. in-fol. v. ant.

359. Œuvres diverses de P. Bayle, contenant tout ce que cet auteur a publié sur des matières de théologie, de philosophie, de critique, d'histoire et de littérature. *A la Haye,* 1737, 4 vol. in-fol., texte à 2 col., v. ant.

360. Nouveau Dictionnaire historique et critique, pour servir de supplément au Dictionnaire de Bayle, par Jaques-George de Chaufepié. *Amsterdam et la Haye,* 1750-55, 4 vol. in-fol. v. ant. fil.

361. Les Vies des hommes illustres par Plutarque, traduites en français par Ricard. *Paris, Lefèvre et Firm. Didot fr.,* 1836, 2 vol. gr. in-8, dem.-rel. v. f.

362. Essai sur Amyot et les traducteurs français au xvie siècle, précédé d'un éloge d'Amyot, par Aug. de Blignières. *Paris, Aug. Durand*, 1851, in-8, dem.-rel. v. vert.

363. Documents biographiques sur Pascal, la Bruyère, Patru, Fontenelle, La Fayette, Dupin, Salvandy, etc., réunis en 2 vol. in-8, dem.-rel.

364. Mademoiselle de Scudéry, sa vie et sa correspondance, avec un choix de ses poésies, par MM. Rathery et Boutron. *Paris, L. Techener*, 1873, in-8, br., portrait.

Exemplaire en grand papier de Hollande.

365. Étude sur la vie et les œuvres de Pellisson, suivie d'une correspondance inédite du même, par F.-L. Marcou. *Paris, Didier et Aug. Durand*, 1859, in-8, dem.-rel. v. f. tête dor. n. rog. (*Petit.*)

366. Lebeuf, sa vie et ses œuvres, par Hippolyte Cocheris. *Paris, Aug. Durand*, 1863, in-8, dem.-rel. v. vert, n. rog. (*Envoi d'auteur.*)

367. Mémoires biographiques, littéraires et politiques de Mirabeau. *Paris*, 1834, 8 vol. in-8, demi-rel. dos et coins de maroq. bleu, tr. marbr.

368. Dictionnaire des Athées anciens et modernes, par Sylvain Maréchal. *Paris, Grabit, an VIII*, in-8, portrait, demi-rel. maroq. rouge, tr. peig.

369. Biographie moderne, ou Galerie historique, civile, militaire, politique et littéraire. *Paris*, 1816, 3 vol. in-8, dem.-rel. v. f.

370. Biographie universelle et portative des contemporains. *Paris, Levrault*, 1834, 5 vol. in-8, texte à deux col., dem.-rel. chagr. vert.

---

371. Histoire de l'imprimerie et de la librairie, où l'on voit son origine et son progrès jusqu'en 1689 (par Jean de Lacaille l'aîné). *Paris*, 1689, in-4, dem.-rel. veau fauve, dos orné, tr. peign. (*Lortic.*)

372. Histoire de l'origine et des premiers progrès de l'imprimerie (par Prosper Marchand). *La Haye*, 1740. — Supplément à l'Histoire de l'imprimerie, de Prosper Marchand (par M. Mercier). *Paris*, 1775. — Ens. 2 vol. in-4, v. ant.

373. Recherches historiques, littéraires et critiques sur l'origine de l'imprimerie, ornées des portraits et des écussons des premiers imprimeurs belges, par le citoyen P. Lambinet. *Bruxelles, an VII*, in-8, v. f. ant. fil.

374. L'Origine de l'imprimerie de Paris, dissertation historique divisée en quatre parties, par le sieur André Che-
villier. *A Paris, chez Jean de Laulne*, 1694, in-4, v.
ant.

375. Annales de l'imprimerie elzévirienne, ou Histoire de la
famille des Elzeviers et de ses éditions, par Ch. Pieters.
Gand, 1851, in-8, dem.-rel., dos et coins de maroq. rouge,
n. rog.

376. Philobiblion. Excellent traité sur l'amour des livres, par
Richard de Bury, traduit en français, précédé d'une introduction, par Hippolyte Cocheris. *Paris, Aug. Aubry*,
1856, in-12, cart. n. rog. (*Envoi et lettre autogr. du
traducteur.*)

377. De la Bibliomanie, par Bollioud-Mermet. *Paris, Académie des Bibliophiles*, 1866, in-16, dem.-rel. maroq.
rouge, jans. tête dor. n. rog.

378. De la Connaissance des bons livres, ou Examen de plusieurs autheurs (par Ch. Sorel). *Amsterdam*, 1673, pet!
in-12, front. gr. v. f. fil. tr. dor. (*Ganard.*)

379. Du Plagiat, de la supposition d'auteurs, des supercheries
qui ont rapport aux livres, par Ch. Nodier. *Paris, Crapelet*, 1828, gr. in-8, dem.-rel. dos et coins de maroq.
tête dor. n. rog.

Exemplaire en grand papier.

380. Diarium Italicum, sive monumentorum veterum, bi-
bliothecarum et musæorum descriptio a R. Bernardo de
Montfaucon, monacho benedictino, congregationis Sancti
Mauri. *Parisiis*, 1702, in-4, v. ant.

381. Voyage bibliographique, archéologique et pittoresque
en France, par le Rév. Th. Frognall-Dibbin, traduit de
l'anglais par Théod. Licquet. *Paris, Crapelet*, 1825, 4 vol.
in-8, dem.-rel. v. rose.

382. Advis povr dresser vne bibliotheqve, par G. Navdé, P...
A Paris, chez Fr. Targa, 1627, in-12, v. f. ant.

383. Dissertations sur les bibliothèques. *Paris*, 1758, in-12,
v. ant. fil. tr. dor. — Traitté des plus belles bibliothèques
de l'Europe, par le sieur Le Gallois. *Paris*, 1680, in-12,
v. ant. — Bibliothéconomie, par A. Constantin, et Manuel
du relieur, par Séb. Lenormand. *Paris, Roret*, 1840, 2 vol.
in-16, demi-rel. v. f. (*Planches.*)

384. Inventaire ou catalogue des livres de l'ancienne bibliothèque du Louvre, fait en l'année 1373, par Gilles Mallet.
Paris, de Bure fr., 1836, gr. in-8, cart. — Mémoire historique sur la bibliothèque dite de Bourgogne, présentement

bibliothèque publique de Bruxelles, par M. de Laserna-Santander. *Bruxelles*, 1809, in-8, dem.-rel. v. ant.

385. Lettres des conservateurs de la Bibliothèque royale, 1839.'— Recueil de pièces sur la Bibliothèque du Roi. — Jomard. Collection géographique de la Bibliothèque du Roi. — Recueil de décrets, etc., concernant la Bibliothèque du Roi. — Dumersan. Le Cabinet des médailles. — — Estampes de la Bibliothèque du Roi. — Jacob. Réforme de la Bibliothèque du Roi. — Cabinet des médailles. — Le Prince. Bibliothèque du Roi. — Essai historique sur la Bibliothèque du Roi. — Ens. 11 vol. in-8 et in-12, dem.-rel. v.

386. Bibliothèque nationale. Catalogue des sciences médicales. *Paris, Firm. Didot*, 1857-1873, 3 vol. in-4, br., texte à deux col.

Le tome I est en deux parties.

387. Bibliothèque nationale. Catalogue de l'histoire de France. *Paris, Firm. Didot fr.*, 1855-1863, 10 vol. in-4, br. texte à deux col.

388. Tables biographiques et bibliographiques des sciences, des lettres et des arts, par A. Dantès. *Paris, Delaroque fr.*, 1866, in-8, dem.-rel. v. bleu. (*Lettre autographe de l'auteur.*)

389. Bibliothèque sacrée grecque-latine, par Ch. Nodier. *Paris*, 1826, in-8, v. f. fil. tr. dor.

390. Bibliothèque héraldique de la France, par Joannis Guignard. *Paris, Dentu*, 1861, in-8, dem.-rel. maroq. rouge jans. dos à nerfs, tête dor. n. rog. (*Envoi d'auteur.*)

391. Joannis Guignard. Armorial du bibliophile, avec illustrations dans le texte. *Paris, Bachelin-Deflorenne*, 1870-1873, 2 tomes en un vol. gr. in-8, br.

392. Catalogue général de la librairie française au XIXe siècle, par M. Paul Chéron. *Paris, P. Jannet*, 1856-58, 3 vol. gr. in-8, dem.-percal.

S'arrête à Dubuisson.

393. Bibliotheca Bigotiana. *Parisiis*, 1706, in-12, dem.-rel. v. f. n. rog.

394. Description raisonnée d'une jolie collection de livres, par Ch. Nodier. *Paris, J. Techener*, 1844, in-8, portrait, dem.-rel. v. f. n. rog.

395. Catalogues des livres du prince de Radziwill, — baron de la Roche-Lacarelle, — marquis de la Châtaigneraye,

1 vol. — baron Pichon (*prix*), — Yemeniz (*prix*). — Ens.
3 vol. gr. in-8, jol. dem.-rel. v. f. tête marbr. n. rog.

Dans la dernière vacation il sera vendu plusieurs lots de catalogues reliés.

MANUSCRITS ET AUTOGRAPHES.

396. Lettres et billets autographes de La Fayette, Voyer
d'Argenson, Cavaignac, Béranger, Laffitte, Manuel, J.-B.
Teste et général Teste. 3 vol. in-4, dem.-rel.

Collection importante, renfermant plus de cent lettres.

397. DAUNOU. Manuscrits, épreuves et lettres. In-4, dem.-
rel.

Collection d'autographes divers, fragments d'ouvrages et lettres.

NORMANDIE.

398. Les Recherches et Antiquitez de la province de Neustrie,
à present duché de Normandie, comme des villes remar-
quables d'icelle, mais plus specialement de la ville et université de Caen, par Ch. de Bourgueville, sieur de Bras.
Caen, 1833, in-8, plan, dem.-rel. dos et coins de maroq.
verdâtre, dos à nerfs, tête dor. n. rog. (*Lortic.*)

399. Mélanges d'archéologie normande, par MM. A. Cassan,
Charma, Surville, F. Rever, etc. *Mantes*, 1835-1854, in-8,
dem.-rel. v. f. n. rog.

400. Recherches archéologiques, historiques, biographiques
et littéraires sur la Normandie, par M. Louis Dubois. *Paris,
Dumoulin*, 1843, in-8, dem.-rel. v. f. — Itinéraire descriptif, historique et monumental de la Normandie, par le
même. *Caen, Mancel*, 1828, 2 vol. in-8, fig. dem.-rel.
v. f.

401. Recueil de dix-sept pièces sur la Normandie, par P.-A.
Lair. *Caen*, 1806-1849, in-8, demi-rel. bas.

402. Rapports, Discours et Notices biographiques sur la Normandie, par P.-A. Lair. *Caen, F. Poisson*, 1805, in-8, dem.-
rel. v. f.

403. Recueil de dix pièces sur l'archéologie et les monuments religieux de Normandie, par MM. Deshayes, F. Rever, Ed. Lambert, l'abbé Cochet, etc. *Caen*, 1825-1858,
in-8, cart.

404. C. Mérian. — Topographie de la France. Duché de Normandie (texte allemand), 1657, in-4, cart. dem.-rel. mar.
vert jans. tête dor. n. rog. (*Lortic.*)

405. Vues de Normandie, en 1 vol. gr. in-8, demi-rel. v. f.

406. Histoire des anciennes villes de France, par M. L. Vitet.
Haute-Normandie. *Paris, Alex. Mesnier*, 1833, 2 vol.
in-8, br.

407. Plans et profilz des principales villes de la province de
Normandie, avec la carte générale et les particulières de

chascun gouvernement d'icelle, les vingt-sept planches réunies en 1 vol. in-12 obl. cart.

Extrait du recueil intitulé : Les plans et profils de toutes les principales villes et lieux considérables de France, par le sieur Tassin, 1638.

408. Les Chroniques de Normandie, publiées pour la première fois d'après deux manuscrits de la Bibliothèque du Roi, à Paris, par *Francisque Michel, et imprimées à Rouen par Nicétas Périaux pour Ed. Frère, libr.*, 1839, 2 part. en 1 vol. in-8 cart.

409. Histoire de Normandie par Orderic Vital, publiée par M. Guizot. *Caen, Mancel*, 1826, 4 vol. in-8, demi-rel. mar. v.

410. Histoire des ducs de Normandie et des rois d'Angleterre, précédée d'une introduction par Francisque Michel. *Paris, Jules Renouard*, 1840, in-8, br.

411. Histoire des ducs de Normandie et des rois d'Angleterre, publiée d'après deux manuscrits de la Bibliothèque du Roi, par Francisque Michel. *Paris, J. Renouard*, 1840, in-8, demi-rel. v. r.

412. Essai sur l'histoire de Normandie depuis l'établissement du premier duc, Rollon ou Robert Ier, jusqu'à la bataille d'Hasting, par un page du Roi. *Amsterdam*, 1766, in-12, demi-rel. v. f.

413. Histoire des ducs de Normandie jusqu'à la conquête de l'Angleterre, par A. Labutte, préface par H. Martin. *Paris, Thézard frères*, 1855, in-8, demi-rel. v. f. n. rog.

414. Nouvelle Histoire de Normandie, et nouveaux détails sur Guillaume le Conquérant, par Vauquelin de la Fresnaye. *Versailles, impr. de Jalabert*, 1814, in-8, portr. demi-rel. v. f.

415. Histoire de la Normandie sous le règne de Guillaume le Conquérant et de ses successeurs, par G.-B. Depping. *Rouen, Ed. Frère*, 1835, 2 vol. in-8, br.

416. Histoire de Richard-sans-Peur, duc de Normandie, fils de Robert le Diable. *Nancy, Lescure-Gervois*, 1805, in-12, cart. (*Mouillé.*)

417. Raoul de Rayneval, ou la Normandie au XIVe siècle, 1380, par M. E. Le Chanteur de Pontaumont. *Paris*, 1832, in-8, demi-rel. v. f. — Histoire pittoresque de la Normandie, par A. Labutte. *Paris*, 1833, in-8, cart. — De la Politique des Normands pendant la conquête des Deux-Siciles, par M. Petit de Baroncourt. *Paris*, 1846, in-8, cart. — Histoire de la barbe et des cheveux en Normandie, par A. Canel. *Rouen*, 1859, in-12, demi-rel. v. f.

418. Histoire du duché de Normandie, par J.-J.-C. Goube. *Rouen, Mégard*, 1815, 3 vol. in-8, cartes, demi-rel. v. f.

419. Résumé de l'histoire de Normandie, par Louis Dubois. *Paris, Em. Babeuf*, 1825, in-18, fig. demi-rel. bas. — Résumé de l'histoire de Normandie, par L. Thiessé. *Paris, Lecointe et Duret*, 1825, in-18, cart. — Almanach de Normandie, année 1789. *Rouen*, 1789. in-18, cart.

420. Essai sur les invasions maritimes des Normands dans les Gaules, par B. Capefigue. *Paris, Impr. royale*, 1823, in-8, br.

421. Histoire des expéditions maritimes des Normands et de leur établissement en France au x° siècle, par M. Depping. *Paris, Didier*, 1843, in-8, demi-rel. mar. r.

422. Vie de Mᵍʳ le duc de Normandie, fils de Louis XVI, par M. L. Esp. J. V. Claravali. *Paris*, 1850, in-8, portr. demirel. v. f.

423. Chroniques neustriennes, ou pièces de l'histoire de Normandie, ses ducs, ses héros, ses grands hommes, depuis le ix° siècle jusqu'à nos jours, suivi de chants neustriens, par M. Marie Dumesnil. *Paris, Renard*, 1825, in-8, demirel. v. f.

424. Éphémérides normandes, ou Recueil chronologique, historique et monumental sur la Normandie, par G.-J. Lange. *Caen, Mancel, s. d.*, 2 vol. in-8, demi-rel. v. f.

425. Diaire, ou Journal du voyage du chancelier Séguier en Normandie après la sédition des nu-pieds (1640), et documents relatifs à ce voyage et à la sédition, publiés par A. Floquet. *Rouen, Ed. Frère*, 1842, in-8, figure, demirel. v. bleu.

426. Histoire du parlement de Normandie, par Floquet. *Paris*, 1843, 7 vol. in-8, demi-rel.

427. Essai historique sur l'Échiquier de Normandie, par A. Floquet. *Rouen, Ed. Frère*, 1840, in-8, figure, demirel. maroq. rose foncé jans. dos à nerfs, tête dor. n. rog. (*Lortic.*)

428. Histoire du parlement de Normandie, par M. J. Lair. *Caen*, 1861. — La Ligue en Normandie, 1588-1594, par le vicomte Robert d'Estaintot. *Paris, Aubry*, 1862, demirel. v. f.

429. Heures, catéchisme et offices de l'Église, à l'usage des diocèses de Bayeux, Lisieux et Rouen, 13 vol. in-12 et in-16, rel.

430. L'Établissement de la fête de la Conception Notre-Dame, dite la Fête aux Normands, par Wace, trouvère du xii° siè-

cle, publié par MM. G. Mancel et G.-S. Trébutien. *Caen, B. Mancel*, 1842, gr. in-8, pap. de Holl. br.

431. La Normandie romanesque et merveilleuse, traditions, légendes et superstitions populaires de cette province, par Mlle Amélie Bosquet. *Paris et Rouen*, 1845, in-8, demi-rel. v. f. n. rog.

432. Le Prieuré des deux amants, chronique normande, par M. L.... *Chartres*, 1851. — Chroniques normandes. Les Maçons de Saint-Ouen (xve siècle), par Octave Féré. *Rouen*, 1860, 2 brochures in-8.

433. La Normandie inconnue, par Fr.-V. Hugo. *Paris, Pagnerre*, 1857, in-8, demi-rel. v. f.

434. Les Coustumes du pays et duché de Normandie, anciens ressorts et enclaves d'iceluy. *Rouen, impr. de Raphael du Petit-Val*, 1599, in-4, vél. (*Mouillé.*)

435. Coutumes du pays de Normandie, anciens ressorts et enclaves d'iceluy. *Rouen, Julien Courant*, 1689, in-24, cart. — Coutumes du pays et duché de Normandie, anciens ressorts et enclaves d'icelui. *Rouen, L. Oursel*, 1783, in-24, bas. — Lettres patentes, portant règlement pour l'administration de la justice dans la province de Normandie. *Rouen*, 1769, in-24. cart.

436. Texte de la coutume de Normandie, avec des notes sur chaque article, par M. N... Demerville. *Paris, Durand*, 1749, in-12, demi-rel. v. f. — Métode pour liquider les mariages avenans des filles dans la coutume générale de Normandie, par maître Est. Éverard. *Rouen*, 1696, pet. in-8, v. gr.

437. Traité des fiefs, à l'usage de la province de Normandie, par M. de la Tournerie. *Paris, Valleyre*, 1763, in-12, bas.

438. Très-humbles Représentations que font à M. le contrôleur général des finances les fabriquans en coton de la province de Normandie, etc., 1754-55, in-12, demi-rel. mar. r. n. rog. — Observations de la Chambre du commerce de Normandie sur le traité de commerce entre la France et l'Angleterre. *Rouen*, 1788, in-8, demi-rel. v. f.

439. Recherches sur la fusion du franco-normand et de l'anglo-saxon, par J.-P. Thommerel. *Paris, Pourchet*, 1841, in-8, demi-rel. v. f.

440. La Muse normande de Louis Petit de Rouen, en patois normand (1658), publiée par Alph. Chassant. *Rouen, Lebrument*, 1853, in-8, demi-rel. maroq. rouge.
Tiré à petit nombre.

441. Les Fleurs neustriennes (poésies) et la Sorcière de Laredo, par Mme Aglaé de Corday. *Mortagne*, 2 vol. in-8,
demi-rel. v. — Les Neustriennes, chroniques, légendes,
ballades et impressions, par Alph. Le Flaguais. *Paris*,
1844, in-12, demi-rel. v. — Théâtre normand, trois pièces
réunies en 1 vol. in-12, demi-rel. v. bleu.

442. Recueil de six pièces de poésie normande, par M. Vaultier, L. Dubois, G. Delauney, P.-A. Vieillard, etc. *Caen*,
1834-1869, in-8, cart.

443. Recueil de six pièces de comédie normandes, par
MM. Simonnin et Honoré, de Rosoy, de Rougemont, etc.
Paris, 1788-1830, in-8, cart.

444. Blason populaire de la Normandie, comprenant les proverbes, sobriquets et dictons relatifs à cette ancienne province et à ses habitants, par A. Canel. *Rouen et Caen*, 1859,
2 tomes en 1 vol. in-8, demi-rel. v. rose n. rog.

Tiré à petit nombre.

445. De l'État de la musique en Normandie depuis le ix° siècle, par M^le Emma Chuppin. *Caen*, 1837, in-8, cart.

446. Le Journal de la comtesse de Sanzay, intérieur d'un
château normand au xvi° siècle, par le c^te de la Ferrière-
Percy. *Paris, Aug. Aubry*, 1860, in-12, demi-rel. dos et
coins de maroq. citr. tête dor. n.rog.

Tiré à 250 exemplaires.

447. Séance publique de la Société libre d'émulation de
Rouen. *Rouen*, 1821, 2 vol. in-8, figures demi-rel. v. vert.
— Travaux de l'Académie de Rouen, 1846, in-8, cart. —
Société de Rouen, de 1806 à 1814, in-8, demi-rel. v. —
Délibérations et mémoires de la Société royale d'agriculture de Rouen. *Rouen*, 1763, 2 vol. in-8, v. f. ant.

448. Flore du département de l'Orne, par P.-A. Renault.
Alençon, an XII, in-8, bas. — Recueil de cinq pièces sur
les eaux thermales de Bagnoles (Orne), par MM. A. Teste,
L. Desnos, H. Ledenic. *Caen*, 1846-57, in-8, cart. — Exportation des eaux thermales de Bagnoles-de-l'Orne. *Alençon*,
1869, in-18, cart. — Mémoire sur la topographie médicale
de la ville de Quillebeuf, par M. Boismare. *Rouen*, 1812,
in-8, cart.

449. Notice historico-médicale sur les Normands, par J.-R. Duval. *Paris*, 1834. — Analyse de l'eau naturelle ferrugineuse
de Forges-les-Eaux (Seine-Inférieure), par M. O. Henry.
Paris, 1845. — Des Épidémies qui ont régné dans l'arrondissement de Rouen, de 1814 à 1850, par le d^r Vingtrinier.
Rouen, 1850, 3 broch. in-8.

450. Recueil de sept pièces sur les prisons de Normandie, par MM. Vingtrinier et Lefebvre-Duruflé. *Rouen*, 1819-1845, 2 vol. in-8, cart.

451. Recueil de 6 pièces, par B.-E.-J. Rathery. *Paris*, 1839-1863, in-8, demi-rel. mar. r. tête dor. n. rog. (*Avec une lettre autographe.*)

452. Recueil de 7 pièces sur la Normandie, par MM. Peigné-Delacourt, A. Jal, L. de Duranville, Ed. Auber, etc. *Paris*, 1845-1866, 2 vol. in-8, cart.

453. Salmigondis normand. Localités et faits divers, ou Recueil d'extraits de journaux découpés et collés en 2 vol. in-4, cart.

454. Catalogues de livres particulièrement relatifs à la Normandie. *Paris*, 1857-1863, en 1 vol. in-8, demi-rel. v. f.

Catalogues de M. Le Ch*** (Chevalier). *Paris, Potier*, 1857. — Du marquis de Martainville. *Paris, Potier*, 1859). — De M. Lechaudé d'Anisy. *Paris, Muffat*, 1861. — Du comte d'Auffray, *Paris, Potier*, 1863, etc.

455. Recueil de documents biographiques normands. *Paris*, 1808-1865, 3 vol. in-8, demi-rel. v. f. et cart.

Éloge de P. Corneille, par V. Fabre. — L'Apothéose de P. Corneille, par Vieillard. — Notice sur M. Bignon, par A. Ernouf. — Eloge de Scipion de Dreux, par le duc de Noailles. — Eloge d'Alex. Choron, par Gautier. — Deux Lettres inédites de P. Corneille, par Ed. Fournier, etc.

456. Les Normands illustres, ou biographies historiques et raisonnées des poëtes normands, par MM. Tissot, J. Janin, G. Mancel, A. Delavigne, L.-H. Baratte, etc., publié par L.-H. Baratte. *Paris, s. d.*, gr. in-8, cart. n. rog.

457. Origines transatlantiques. Belain d'Esnambuc et les Normands aux Antilles, d'après des documents nouvellement retrouvés. *Paris*, 1863, gr. in-8, demi-rel. v. r. n. rog.

458. Biographie normande. Notice sur la vie de M. P.-Fr. Jamel, prêtre, par M. l'abbé Jamel. *Caen*, 1846, in-8, portr. demi-rel. v. f.

459. Itinéraires de Paris à Rouen, de Rouen au Havre, du Havre à Cherbourg, voyages de Paris au Havre, etc. — Ens. 22 vol. in-8 et in-12, rel. et cart.

460. Lettres d'un voyageur à l'embouchure de la Seine, par M. de Saint-Amand. *Paris*, 1828. in-8, — Voyage des élèves de l'Ecole centrale de l'Eure dans la partie occidentale du département. *Evreux*, an x, in-8, figures. — Essais sur l'Histoire du Bocage en général et de la ville de Vire en particulier, par M. Richard Segin, *Vire*, 1810, petit in-12. — Ens. 3 ouvrages en demi-rel. veau.

461. La Seine-Inférieure, l'Orne et l'Eure-et-Loir, par M. Lo-
riol. — Mémoire sur le projet d'un chemin de fer de Paris
à Rouen, au Havre et à Dieppe, par M. Desfontaines. *Paris,
Impr. royale,* 1837. — Bassin à flot commun, à Saint-Malo
et à Servan, 1836. — Notes d'un voyage archéologique
dans le sud-ouest de la France, par M. J. Marion, 1852. —
Choix d'un port dans la Manche, an xi. — Météore observé
à Laigle, an xi. — Ens. 7 vol. in-4 et in-8. demi-rel. v. et
cart.

462. Recueil de 8 pièces sur la navigation maritime du Havre,
à Paris, par MM. Ch. Berigny, le baron de Prony, etc.
Paris, an ix-1846, in-8, demi-rel. v. f. — Guide du voyageur au Havre, par J. Morleul. *Havre,* 1829, in-12, cartes,
demi-rel. v. f.

463. Canal maritime de Paris à Rouen, par M. S. Flachat.
Paris, 1829, 2 vol. in-8, demi-rel. v. bl. — Du Canal maritime de Rouen à Paris, par le même, *Paris, F. Didot,* 1829,
in-8, demi-rel. v. bl. n. rog.

464. Rouen, précis de son histoire, par Th. Licquet, 1830. —
Histoire du chemin de fer de Paris à Rouen, 1844. — Itinéraire de Rouen. — Almanachs de Rouen. — Ens. 13 vol.
in-12 et in-16, demi-rel. v. et cart.

465. Abrégé de l'histoire ecclésiastique, civile et politique
de la ville de Rouen. *A Rouen, chez François Oursel,* 1759,
in-12, demi-rel. v. f. dos orné, tête dor, n. rog. (*Lortic.*)

466. Siége de Rouen en 1418, par M. E. Gaillard. *Rouen,*
1835. — Essai sur l'Histoire littéraire de la Normandie, par
M. Carle Wescher. *Alençon,* 1856. — Voyage à travers
l'Exposition de Rouen, par Ed. Chanu. *Rouen,* 1859. —
Discours sur le rapport de la religion et de la poésie, par
M. Bailhache, au collége de Valognes. *Valognes,* 1837, 4 brochures, in-8.

467. Recherches sur l'histoire de Rouen, depuis les premiers
temps jusqu'à Rollon, par Th. Licquet. — Description
historique de la ville de Rouen. par V. Morainville. — Recueil des ordres de service, règlements, etc., du chemin de
fer de Paris à Rouen, 1846. — Rouenneries. — Pièces relatives au Parlement de Rouen, 1788. — Exposition régio-
nale de Rouen, 1859, catalogue. — Ens. 9 vol. in-8 et in-12,
rel. cart. et br.

468. Description historique des maisons de Rouen, par de la
Querrière. *Paris,* 1821, 21 gravures. — Description historique de l'église métropolitaine de Notre-Dame de Rouen,
par Gilbert, avec le plan et la vue du grand portail de cette
basilique, *Rouen,* 1816. — Recueil de pièces. — Immacu-

lée-Conception de Rouen, 1784. — Notice sur l'ancienne
bibliothèque des échevins de Rouen, par Ch. Richard. —
Lettre relative à la bibliothèque publique de Rouen, 1821.
— Ens. 4 vol. in-4 et in-8, demi-rel. v. et cart.

469. Histoire de Rouen, des milices et des gardes bourgeoises,
par M. Bouteillier, *Rouen*, 1858, figures, in-8, br. — Rouen,
par le vic. Walsh. *Rouen*, 1835, in-8, demi-rel. v. f. —
Recherches historiques sur Rouen, par Ch. Richard, in-8,
demi-rel. v. f. — Lettres sur la ville de Rouen, ou précis
de son histoire topographique, civile, ecclésiastique et politique. *Rouen*, 1826, in-8, demi-rel. v.

470. Revue des architectes de la cathédrale de Rouen jusqu'à la fin du xvie siècle, par A Deville. *Rouen*, 1848, in-8,
demi-rel. mar. bleu, jans. tête dor. n. rog. (*Lortic*.)

471. Notice sur l'incendie de la cathédrale de Rouen, et sur
l'histoire monumentale de cette église, ornée de six planches, par H. Langlois. *Rouen*, 1823, in-8, demi-rel. v. f.
dos orné, n. rog. (*Lortic*.)

472. Description historique de l'église de Saint-Ouen de
Rouen, par P. M. Gilbert, ornée de gravures. *Rouen*,
1822, demi-rel. mar. rouge, jans. tête dor. n. rog. (*Lortic*.)
— Notice historique et descriptive sur l'ancien hôtel de
ville, le beffroi et la grosse horloge de Rouen, ornée de
trois planches gravées sur cuivre. *Rouen*, 1864, in-4, br.

473. Histoire du privilége de Saint-Romain, en vertu duquel
le chapitre de la cathédrale de Rouen délivrait ancienne-
ment un meurtrier tous les ans, le jour de l'Ascension, par
A. Floquet. *Rouen*, 1833, 2 vol. in-8, figures, demi-rel.
chagr. noir. (*Avec une lettre autographe de l'auteur*.)

474. Histoire de l'église et de la paroisse de Saint-Maclou
de Rouen, par Ch. Ouin-Lacroix. *Rouen*, 1846, in-8, litho-
graphies, demi-rel. v. f. tr. marbr.

475. L'Ancienne Fondation de la chapelle de Notre-Dame de
la Délivrance, par F.-G. Fossard. *Rouen, s. d.*, in-12, cart.
(*Raccommodages au titre et à 2 ff.*) — Catéchisme des Normands, composé par un docteur de Paris. *Troyes*, 1832,
in-18, cart. — Catéchisme en vers, par M. d'Heauville.
Avranches, 1771, in-12, cart.

476. Regestrum visitationum archiepiscopi Rothomagensis.
Journal des visites pastorales d'Eude Rigaud, archevêque
de Rouen, 1748-1769, publié par Ch. Bonnin. *Rouen, A. Le
Brument*, 1852, in-4, demi-rel. dos et coins de mar. v. n.
rog.

477. Histoire des anciennes corporations d'arts et métiers et des confréries religieuses de la capitale de la Normandie, par Ch. Ouin-Lacroix. *Rouen*, 1850, gr. in-8, demi-rel. v. f.

478. Statuts, ordonnances et règlements de la communauté des marchands merciers, drapiers de la ville de Rouen. *Rouen, de l'impr. de Viret*, 1749, in-4, v. ant. fil. tr. dor. — Traité des eaux minérales de la ville de Rouen, par M. de Nibell. *Rouen*, 1759, in-16, demi-bas. — Tableau de Rouen, année 1778, in-16, v. ant.

479. Histoire du prieuré du Mont-aux-malades-lès-Rouen, et correspondance du prieur de ce monastère avec saint Thomas de Cantorbéry, 1120-1820, par l'abbé P. Langlois. *Rouen*, 1851, in-8, demi-rel. mar. rouge jans. dos à nerfs, tête dor. n. rog. (*Lortic.*)

480. Essai historique et descriptif sur l'église et l'abbaye de Saint-Georges de Bocherville, près Rouen, orné de planches lithographiées, par Ach. Deville. *Rouen*, 1827, in-4, demi-rel. mar. vert, tête dor. n. rog.

481. Premier Essai sur le département de la Seine-Inférieure, par S.-B.-J. Noel. *Rouen*, 1795, in-8, demi-rel. v. viol. n. rog. — Tableau statistique de la navigation de la Seine, depuis la mer jusqu'à Rouen, par le même. *Rouen*, 1802, in-8, cart. — Endiguement de la Seine maritime. Procès-verbaux. *Rouen*, 1851, in-8, cart. n. rog.

482. Annuaire statistique du département de la Seine-Inférieure, pour l'année 1807. *Rouen, P. Périaux*, 1807, in-8, cartes, demi-rel. bas.

483. Mémoire sur le port du Havre, par M. Bailleul. — De l'Agrandissement du Havre, par M***. — Guide du commerce sur la place du Havre, par A. Reville. *Paris*, 1837-44, in-8, cartes, demi-rel. v. f. — Le Marchand du Havre, par L. Jacob, bibliophile. *Paris*, 1839, in-8, cart. — Documents relatifs à l'agrandissement du port du Havre, par Ch. Massas. *Havre*, 1840, in-4, cart. — Almanach du commerce du Havre. *Havre*, 1842, in-8, demi-rel. v. f.

484. Description du Havre, par M. A. P. L... *Paris*, s. d. in-8, portr. demi-rel. v. bl. — Description de la statue fruste en bronze doré trouvée à Lillebonne près du Havre. *Rouen*, 1823, in-8, fig. demi-rel. v. f. — Le Havre ancien et moderne et ses environs. *Au Havre*, 1825, 2 vol. in-12, cartes, bas.

485. Collection de mémoires et de plans relatifs au port de Dieppe. *Rouen*, 1790. — Histoire de Dieppe, par Vitet, *Paris*, 1833, 2 vol. — Notice sur Dieppe, par J. Féret. — Récits dieppois, combat naval, 1555, par J. Thieury. — Indicateur de Dieppe. — Journal des bains de mer de Dieppe. — Paris à Dieppe. — Notice sur l'église Saint-Jacques de Dieppe. — Plan de Dieppe et de ses environs. — Ens. 8 vol. in-4 et in-8, demi-rel. chagr. et demi-rel. veau.

486. Histoire de la ville et de l'abbaye de Fécamp, par L. Fallue. *Rouen, N. Périaux*, 1841, in-8, plan, demi-rel. mar. v. — |Esquisses historiques sur Fécamp, par C. Marette. *Rouen*, 1839. — Essai historique et artistique sur Caudebec et ses environs, par A. Saulnier. *Rouen, N. Périaux*, 1841, in-18, fig. demi-rel. v. f.

487. Essai historique et littéraire sur l'abbaye de Fécamp, par Le Roux de Lincy, orné de trois gravures. *Rouen, Ed. Frère*, 1840, in-8, demi-rel. mar. brun du Lev. dos à nerfs, tête dor. n. rog. (*Lortic.*)

488. Essai sur l'histoire de la ville de Honfleur, par L. V. C. D. G. *Honfleur*, 1834, in-18, demi-rel. v. f. — Trouville et Cabourg. Guide du voyageur. *Honfleur*, 1841, in-18. cart. — Notice sur l'île de Jersey, ou guide du voyageur dans cette île. *Granville*, 1844, in-18, cart. — Trouville et ses environs. *Honfleur*, 1850, in-18, fig. demi-rel. v. bl. — Souvenirs de Saint-Malo. *Paris*, 1863, in-18, demi-rel. v. bl.

489. Essai historique sur Honfleur et l'arrondissement de Pont-l'Evêque, par A. Labutte. *Honfleur*, 1840, in-8, demi-rel. v. gris, n. rog. — Histoire de la ville de Honfleur, par P.-P.-U. Thomas. *Honfleur*, 1840, in-8, fig. demi-rel. v. f.

490. Histoire des comtes d'Eu, par L. Estancelin. *Dieppe, Marais fils*, 1828, in-8, fig. demi-rel. v. f. n. rog.

491. La Ville d'Eu, par Désirée Le Beuf. *Eu, Houdbert-Cordier*, 1844, in-8, v. bl. tr. dor. — Eu et le Tréport, par le même. *Rouen, N. Périaux*, 1839, in-18, cart. — Indicateur de la galerie des portraits du château d'Eu. *Paris*, 1836, in-18, cart.

492. Histoire du château et des sires de Tancarville, par A. Deville. *Rouen, N. Périaux*, 1834, in-8, fig. demi-rel. v. f. — Histoire de Flers, ses seigneurs, son industrie, par M. le Cᵗᵉ Hector de la Ferrière. *Paris*, 1855, in-8, fig. demi-rel. v. f.

493. Notice historique sur la ville de Darnetal, par A. Lesguilliez, *Rouen*, 1835, in-8, cart. — Essai historique sur l'abbaye de Fontenelle ou de Saint-Vandrille, par E.-H. Langlois. *Rouen*, 1834, in-8, fig. demi-rel. bas. — Description topographique de l'arrondissement de Louviers (Eure), par J. Dutens. *Évreux*, an ix, in-8, demi-rel. v. f. — Notice sur l'église de Saint-Thomas de Vire. *Vire*, 1854, in-18, cart.

494. Esquisses historiques sur quelques localités de la Normandie (Orne, Calvados et Manche), par E. de Manne. *Lyon, L. Perrin,* 1869, in-8, demi-rel. v. f. tête marbr. n. rog. (*Lettre et envoi autographe de l'auteur.*)

495. Le Département de l'Orne, archéologique et pittoresque, par MM. Léon de la Sicotière et Aug. Poulet-Malassis. *Laigle,* 1845, in-fol. nombr. planches lithographiées, demi-rel. dos et coins de mar. vert foncé, jans. tête dor. n. rog.

496. Annuaire du Calvados, pour 1805 et 1806, 1829, 1831, 1832, 1838, 1847, 1850. *Caen,* 1805-50. 7 vol. in-18, demi-rel. bas et cart.

497. Essai sur la topographie géognostique du Calvados, par M. de Caumont. *Caen, T. Chalopin,* 1828, in-8, et atlas in-4, demi-rel. v. bl.

498. Mémoires de la Société d'agriculture et de commerce de Caen. Années 1827 à 1873. *Caen,* 1827-73, 14 vol. in-8, br.

Manquent les années 1828, 1831 à 1855, 1857 à 1861, 1870 et 1871.

499. Annales des Cauchois, depuis les temps celtiques jusqu'à 1830, par Ch.-Juste Houel. *Paris,* 1847, 3 vol. in-8, br.

500. Caen, pièces de son histoire, ses monuments, son commerce et ses environs, par G.-S. Trébutien. *Caen,* 1850, in-18, cart. — Le même ouvrage, 2ᵉ édition, in-18, demi-rel. v. f. n. rog. — Indicateur complet de la ville de Caen, par M. Toussaint. *Caen,* 1835, in-18, demi-rel. v. f. — Indicateur de la ville de Caen. *Caen,* 1836, in-18, cart.

501. Siége et prise de Caen par les Anglais en 1417, épisode de la guerre de Cent ans, par M. Léon Puiseux. *Caen, Legost-Clerisse,* 1858, in-8, demi-rel. v. viol.

Tiré à petit nombre.

502. Mémoire sur le port de Caen, par G.-J. Lange. *Caen,* 1818, in-8, cart. — Caen en 1786, par A. Poignant. *Paris,* 1841, in-8, cart. — Recherches sur les nivellements et les fontaines publiques à Caen, par Du Feugray. *Caen,* 1850, in-8, cart. — Topographie du Bocage, par le C. Roussel. *Caen,* 1806, in-8, cart.

503. Recueil de 9 pièces sur Caen, par MM. Lamouroux, Dr J.-L. Cœur, A. Joly, etc. *Caen,* 1824-1857, in-8, cart.

504. Recherches historiques sur la prairie de Caen, par Gervais Delarue. *Caen, impr. de Chalopin,* an XII, in-4, demi-rel. v. v.

505. Journal d'un ministre. Œuvre posthume du comte de Guernon-Ranville, publiée par M. Julien Travers, *Caen,* 1874, in-8, br.

505 *bis.* Nouvelles littéraires, année 1744 (par l'abbé Ch.-G. Porée) *Caen, V° Godes-Rudeval*, 1743, in-8, v. gr. (*Avec une note de M. Chardon de la Rochette sur la garde.*)

506. Histoire sommaire de la ville de Bayeux, par M. Béziers. *Caen, J. Manoury*, 1773, in-12, demi-rel. v. f. n. rog. — Recherches historiques sur Falaise, par P.-G. Langevin. *Falaise, Brée l'aîné*, 1814, in-12, demi-rel. v. f. n. rog. — Mémoire de Le Roy le Ménestrel, de Louviers, écrits par lui-même. *Paris*, 1849, in-18, cart.

507. Annuaire du département de l'Eure pour 1807, 1822, 1847. *Evreux*, 1807-47 3 vol. in-18, v. et cart.

508. Dictionnaire des anciens noms de lieu du département de l'Eure, par Aug. Le Prévost. *Evreux*, 1839, in-8, demi-rel. dos et coins de maroq. vert foncé, nerfs, tête dor. n. rog. (*Lortic.*)

509. Mémoires sur les ruines du Vieil-Évreux (Eure), par M. F. Rever. *Evreux*, 1827, in-8, fig. demi-rel. v. ant. — Analectes historiques. Recueil de documents sur la ville d'Evreux. *Evreux*, 1839, in-8, br. — L'Evêque d'Evreux. Dix années de M. Olivier. *Paris*, 1841, in-8, port. cart. — Opuscules et mélanges historiques sur la ville d'Evreux et le département de l'Eure. *Evreux*, 1845, in-18, demi-rel. v. f. n. rog.

510. Essai historique sur Louviers, par Paul Dibon. *Rouen*, 1836, in-8, figures, demi-rel. maroq. bleu, tête dor. n. rog. (*Lortic.*)

511. Essai sur la véritable origine et sur les vicissitudes de la cathédrale de Coutances, par l'abbé Delamare. *Caen*, 1841, in-4, figures, demi-rel. maroq. viol.

512. Essai historique sur Yvetot et coup d'œil sur Valmont, Saint-Wandrille, Caudebec, par A. Fromentin. *Rouen, A. Périaux*, 1844, in-8, fig. v. r. fil. tr. dor. — Etudes historiques sur l'arrondissement d'Yvetot. *Rouen, Le Brument*, 1851, in-8, fig. demi-rel. v. f. — Le Chêne-chapelle dans le cimetière d'Allouville-Bellefosse, près d'Yvetot. *Paris, s. d.* in-18, fig. demi-rel.

513. Le Mont Saint-Michel, par Ep. Houël. *Avranches*, 1839, in-8, fig. cart. — Essai archéologique et artistique sur l'ancien monastère du mont Saint-Michel, par M. de Clinchamps. *Avranches*, 1839, in-8, cart. — Le Guide des visiteurs du mont Saint-Michel et du mont Tombelaine. *Avranches*, 1849, in-8, cart. — Itinéraire descriptif et historique dans le mont Saint-Michel, par E.-D. Le Héricher. *Avranches, s. d.*, in-18, demi-rel. v. f. — Extraits de plusieurs petits poëmes écrits à la fin du XIV° siècle par un prieur

du mont Saint-Michel. *Caen, Mancel*, 1837, gr. in-8 , cart. (*Tiré à* 150 *exemplaires.*) — A Notre-Dame de la Délivrance. Hymne de Daniel Huet, évêque d'Avranches. *Caen*, 1872, br. in-8. — Les Eglogues de Huet, mises du latin en français, par M. Baudement. *Caen*, 1870.

514. Recueil de 7 pièces concernant Cherbourg, par P.-A. Lair, A. Asselin, L. de Pontaumont. *Caen*, 1813-1851 , in-8, demi-rel. v. r. n. rog.

515. Rapport sur la digue de Cherbourg, par M. le baron Cachin. *Paris*, 1819, in-4, plan, demi-rel. v. f. — Rapport de ce qui s'est passé à Cherbourg lors du voyage de Mme la Dauphine en 1827. *Cherbourg*, 1827, in-4, demi-rel. v. f. — Mémoires de la Sociélé nationale académique de Cherbourg. *Cherbourg*, 1852, in-8, cart. — Le Guide du voyageur à Cherbourg. *Cherbourg*, 1833, in-18, cart. — De Paris à Cherbourg en chemin de fer, par H. Nicolle. *Caen*, s. d., in-18, cart. — Chemin de fer de Paris à Cherbourg, par J. Rey. *Paris*, 1858, in-18, cart.

516. Journal de Saint-Cloud à Cherbourg, ou récit de ce qui s'est passé à la suite du roi Charles X, du 26 juillet au 16 août 1830, par M. Th. Anne. *Paris, U. Canel*, 1830. — Honfleur et le Havre. Huit jours d'une royale infortune, par A. d'Houdetot. *Paris*, 1850, in-8. demi-rel. v. f.

517. Étude sur la poésie populaire en Normandie, et spécialement dans l'Avranchin, par Eug. de Beaurepaire. *Avranches*, 1856, in-8. demi-rel. v. f. tête marbr. n. rog.

518. Petri Danielis Huetii, episcopi abrincensis, carmina. *Parisiis*, 1709, pet. in-12, maroq. rouge, fil. *Aux armes de France.* (*Anc. rel.*)

519. Mémoires de Daniel Huet, évêque d'Avranches, par Ch. Nisard. *Paris, Hachette*, 1853. — Recueil de pièces sur Huet. — Huet, évêque d'Avranches, ou le scepticisme théologique, par Christian Bartholmess. *Paris*, 1850. — Ens. 3 vol. in-8, demi-rel. v. f. tête marbr. n. rog.

520. Lettre de M. Huet à monsieur Segrais : de l'origine des romans. *A Paris, s. d.*, pet. in-8, maroq. rouge, jans. tr. dor. (*Petit.*)

Première édition de cette lettre; il n'en a été tiré qu'un très-petit nombre d'exemplaires.

521. Huetiana, ou pensées diverses de M. Huet, évesque d'Avranches (ouvrage publié par l'abbé d'Olivet). *Paris*, 1722, in-12, v. ant.

522. Les Rabelais de Huet, par Baudement. *Paris, Acad. des bibliophiles*, 1867, pet. in-12, demi-rel. maroq. rouge, jans. tête dor. n. rog.

Tiré à 250 exemplaires.

523. HUET. Collection de ses ouvrages, 4 vol. in-8 et 29 vol. in-12, reliés et brochés.

Cette collection se compose de :
1º Poésies latines. Éditions de 1700, 1729, 1748 et 1743. 2 vo in-8, et 4 vol. in-12.
2º De Interpretatione, 1782, in-12.
3º La Faiblesse de l'esprit humain (en latin et en français), 1738-41, 2 vol. in-12.
4º Origines de la ville de Caen, 1702, in-8.
5º Histoire du commerce et de la navigation des anciens, 1763, in-8, papier de Hollande, et 1716, in-12.
6º Censura philosophiæ Cartesianæ. *Paris*, 1694, in-12.
7º Dissertations sur différents sujets, 1720, 2 tom. en 1 vol. in-12.
8º Origines des Romans, 1678-85 et 1711 et an VII, 4 vol. in-12.
9º Situation du Paradis terrestre. Éditions de 1691, 1701, 1720, 5 vol. in-12.
10º Mémoires (en latin), 1718, 2 exemplaires.
11º Diane de Castro, 1728 et 1729, 3 exemplaires.
12º Zayde, histoire espagnole, 1699, 2 vol in-12.
13º Huetiana, 1722 et 1723, 3 exemplaires.

FIN.

ORDRE DES VACATIONS.

PREMIÈRE VACATION. — *Lundi 22 février 1875.*

Nᵒˢ 1 à 215

DEUXIÈME VACATION. — *Mardi 23 février.*

Nᵒˢ 221 à 397

216 à 221

TROISIÈME VACATION. — *Mercredi 24 février.*

Ouvrages sur la Normandie.

Nᵒˢ 398 à 523

Livres en lots.

QUATRIÈME VACATION. — *Jeudi 25 février.*

Suite des livres en lots.

CONDITIONS DE LA VENTE.

La vente se fait au comptant.

Il y aura exposition des livres, chaque jour de vente, de DEUX heures à QUATRE.

Les livres vendus devront être collationnés sur place dans les vingt-quatre heures de l'adjudication. Passé ce délai, ou une fois sortis de la salle de vente, ils ne seront repris pour aucune cause.

Les acquéreurs payeront 5 centimes par franc en sus des enchères, applicables aux frais.

Le libraire, chargé de la vente, remplira les commissions des personnes qui ne pourraient y assister, aux conditions d'usage.